遇见，你所要遇见的人

兰君 著

yujian
nizuoyao
yujian de ren

在 *张爱玲* 的世界里
邂逅爱情与解读婚姻

文匯出版社

图书在版编目(CIP)数据

遇见，你所要遇见的人 / 兰君著. — 上海：文汇出版社, 2017.7
ISBN 978-7-5496-2170-5

Ⅰ. ①遇… Ⅱ. ①兰… Ⅲ. ①随笔-作品集-中国-当代 Ⅳ. ① I267.1

中国版本图书馆 CIP 数据核字 (2017) 第 148427 号

遇见，你所要遇见的人

著　　者 / 兰　君
责任编辑 / 戴　铮
装帧设计 / 天之赋设计室

出版发行 / 文汇出版社
上海市威海路 755 号
（邮政编码：200041）

经　　销 / 全国新华书店
印　　制 / 北京毅峰迅捷印刷有限公司　010-89581657
版　　次 / 2017 年 8 月第 1 版
印　　次 / 2017 年 8 月第 1 次印刷
开　　本 / 710×1000　1/16
字　　数 / 147 千字
印　　张 / 15

书　　号 / ISBN 978-7-5496-2170-5
定　　价 / 35.00 元

序:听张爱玲说婚姻

关于婚姻,女人显然比男人拥有更多的困惑。尽管已和相爱的人结为夫妻,她们却仍然不能获得心灵上的平静:他怎么忽然对我冷淡了?为什么现在吵架他也不会像谈恋爱的时候那么哄我?他怎么每晚都不回家,是不是在外面有了更好的留恋?

或许婚姻这个东西,是上天设给所有女人的一道重要关卡。俗话说:"不识庐山真面目,只缘身在此山中。"很多时候,或许我们看不清婚姻的真面目,只是因为身处牢笼中,目光变得短浅。

想要寻求到新鲜的观点,跳脱出思维的局限,就需要暂时抛开自己所处的情境,逃离自己当下的身份,去看看别人的观点。张爱玲,这样一个风靡于20世纪30年代上海的传奇女性,用她犀利的目光和独到的注解,为爱情更为婚姻,写出了许多鞭辟入里,令人叹服的哲理。

一个有趣的现象是:虽然张爱玲离开我们22年了,但是人们对她本人和她的作品的喜欢却与日俱增——她的神秘、传奇、才情和悲剧人生，构成了读者的"张爱玲情结"。

更多的人毫无防备地沦为"张迷"，反复阅读她的文字和书籍，渴望了解一个真正的传奇——如我身边，就有非常多的精英女性在研读，而她的那些关于爱情和婚姻的精辟句子，也纷纷不胫而走，成为现代人口中的流行语，如"因为懂得，所以慈悲""爱是相吸，嫁是相守"等。

如果你读过张爱玲的作品，就能知道她对于爱情与婚姻的看法有多犀利——她总是能一眼看穿繁华景象下的虚假人性。在那些早年助她成名的小说里，诸如《红玫瑰与白玫瑰》《倾城之恋》和《金锁记》，描写了很多住在阁楼里的小姐和她们悲惨失败的婚姻。

一如她说，"人生是一袭华丽的袍，里面爬满了虱子"，爱情与婚姻在她的笔下也透出人性的虚假与繁华落幕后的苍凉。所谓相爱，是一件极需要天时、地利、人和的事。

相爱是难的。太聪明的人，没办法好好相爱；太虚假的人，自然更无缘爱神的馈赠。

文如其人，就像她总习惯冷眼看世界，她的笔下从未有虚假的繁华、自欺欺人的海誓山盟；仅仅短暂的两心相悦，也常常架不住时间与现实的考验——有的只是虚伪、利益、冷漠，那些女孩的爱情与婚姻，总是惊人的相似，充满了千篇一律的苍凉，有着近似残酷的美。

但这样冰冷的张爱玲，也常有温暖感人的语句，那篇写《爱》的散文，为我们描绘出爱情来时的美好："于千万人之中遇见你所遇见的人，于千万年之中，时间的无涯的荒野里，没有早一步，也没有晚一步，刚巧赶上了，那也没有别的话可说，唯有轻轻地问一声：'噢，你也在这里吗？'"

只这一句"你也在这里吗"，悄无声息地藏匿了所有的波涛汹涌。

这样一个洞察世事的精明女子，原本该有一场令人艳羡的婚姻。可是，她却喜欢上了风流成性的胡兰成，最终被他伤得体无完肤，青春与才华同时萎谢。

为此，很多人为她愤愤不平，"爱屋及乌"地憎恨着她的愚蠢，包括以前的我。

但是随着年纪的增长，随着社会阅历的丰富，我开始能够理解她的遭遇与苦楚，这才明白：并不是一个看待事物聪慧的女子，就一定能免于痛苦的爱情与婚姻。爱着一个人的时候，谁不是飞蛾扑火宁死不屈，谁又不是痛彻心扉才偃旗息鼓。张爱玲，也不过只是一个渴望"岁月静好，现世安稳"的平凡女子。

她那些犀利的、一针见血的观点，只能给对爱情充满美好幻想的女孩看，使其警惕沉湎于虚幻的假象、亲手将自己的幸福断送；也只能给历尽千辛从绝望中爬起的女人看，使其加深印象，理智、清醒地去爱。

虽然她的这些名言警句并不能彻底帮助女性在爱情与婚姻中幸免于难，却可以在一定程度上有醍醐灌顶的作用。这就是为什么在今天、在一切看似美好的这个年代，我们更有必要重拾张爱玲的原因了。

聪明的人都知道，人应该怀着美好的心愿期待未来，但要做踏实的准备，应对当下。

面对爱情，我们都有"低到尘埃，从尘埃里开出花来"的经验；面对婚姻，我们也都有如何"相看两不厌"的懊恼。在人类漫长的历史进程中，两性关系的好坏总是关系到很多方面——不得不承认，家庭和睦是一个人在工作和其他方面成功的基础。

回顾张爱玲的一生，少年成名，轰轰烈烈的爱过、失败过，年老时认清宿命，心息于爱火，而将更多的精力放在自身的修养上。虽然她没能获得与其作品同等分量的、令人击节称赞的美好婚姻，却也用她的实际经历告诉世人：爱着一个人，我们可以卑微到何种程度；离开一个人时，我们可以勇敢到何种地步。

于是，传奇不愧为传奇。

拿得起，放得下，哪怕注定一个人流浪，也要坦荡荡。

目录 Contents

第一章 红玫瑰与白玫瑰

- 男人的欲望与荒诞的婚姻 // 002
- 爱情与婚姻的错位 // 008
- 爱情的下一步未必是婚姻 // 012
- 人必须生活着,爱才有所依附 // 016
- 爱情和婚姻,藏猫猫游戏 // 020

第二章 爱是相吸,嫁是相守

- 让你的家庭有爱 // 025
- 爱这个东西 // 029
- 相守时,要用尽真诚 // 033
- 婚姻没有禁锢你的爱情 // 037
- 怎样才算是"家主" // 041

第三章　我有时觉得，我是一座岛

- 女人的原欲　// 047
- 不要只想孤独地同一个男人在一起　// 051
- 我们结婚吧　// 056
- 寻找爱不如收获婚姻　// 062
- 做个万岁太太吧　// 066

第四章　物质包围下的婚姻

- 为钱为寡的选择　// 072
- 把悲伤留给自己　// 076
- 婚姻不仅是两个人的事情　// 081
- 婚姻里面没有爱情，也不是什么悲剧　// 085
- 物质生活的成全　// 091

第五章　爱错了

- 爱情与婚姻　// 097
- 爱，就是不问值不值得　// 101
- 失望，有时候也是一种幸福　// 105
- 别看衣裳　// 108
- 寂寞才是元凶　// 112

第六章　终知不过一场误会
- 时代是仓促的 // 118
- 一见钟情 // 121
- 善意的谎言 // 125
- 你愿意相信和男人之间的友谊吗？ // 129
- 别去臆测你的婚姻和感情 // 132

第七章　因为懂得，所以慈悲
- 应该世俗一点 // 137
- 气短情长小女人 // 140
- 会心的微笑 // 145
- 门当户对 // 149
- 没有百看不厌的花 // 153

第八章　在别人的故事里流自己的眼泪
- 给自己备片止痛片 // 157
- 蔷薇与荆棘 // 160
- 不要奢求永恒 // 165
- 你依从婚姻，他依从爱情 // 168
- 做个叫人不安的女子 // 173

第九章 苍凉爱情

- 爱情的另一主角是男人 // 180
- 为爱归去来，到头易成空 // 183
- 女人是一口井，等男人来淘 // 188
- 如果，爱 // 193
- 只有无私的爱才是真的 // 198

第十章 愿使岁月静好，现世安稳

- 见好就收 // 204
- 真性情下的岁月静好 // 208
- 脱不去的牵绊 // 213
- 仍愿相夫教子 // 215
- 就让我永远等你吧 // 220

结　语：永远的张爱玲 // 226

第一章　红玫瑰与白玫瑰

张爱玲和胡兰成的婚姻,一直被贴上"失败婚姻"的标签。但在最初的日子里,他们却是"桐花万里路,连朝语不息"。

——如果要的是爱情,这便足够了。

她全身心地奔赴一场初恋,哪怕别人对她说胡兰成始乱终弃,已经在乡下有了原配,但她傲慢又自豪地形容说:"只觉得这春天有一种从寒冬熬出头来的欢畅。"

男人的欲望与荒诞的婚姻

婚姻对女人和男人而言,是两种不太相同的概念。当女人还只是个女孩子时,会常听她的父母长辈说:生得好,干得好,其实都不如嫁得好。

婚姻是女人的第二次生命,通俗点儿来说,是女人的第二次投胎。

于是,所有的女孩在长大后就知道,20岁左右,将面临着关乎下辈子幸福与否的重大选择。而能否找到一个善良靠谱,又有经济能力的男人,就成了关键的转折。

婚姻的重要性,通过我们父母一辈人的生活可以瞥见一些,通过被他们反反复复地唠叨与警戒,也可以了解一些。

其实,人就算生而孤独,又有谁不渴望能够拥有一段美好幸福的婚姻——生病了,有人递上不烫不冷的水和药品;有心事了,有人愿意竖起耳朵倾听;下班遇到下雨,忘记带伞正愁眉不展时，却发现那个人正一步步朝你靠近……

人是在社会里群居的动物，再习惯独自生活的人，也会渴望家庭的慰藉。

这点，男人也是一样。但在对婚姻的看法上，男性因其自身的特质，仍然保持着一种近乎冷酷的理智。

他们永远不会像大多数女人那样，对即将到来的婚姻生活充满过分的期待。一如张爱玲笔下的《红玫瑰与白玫瑰》，留洋回来的振保，可以说是一个真正的知识分子，但他却难抵老同学太太的诱惑，非常不道德地和她搞在了一起。

张爱玲在《红玫瑰与白玫瑰》里说："振保的生命里有两个女人，他说一个是他的白玫瑰，一个是他的红玫瑰。一个是圣洁的妻子，一个是热烈的情妇。

"也许每一个男子全都有过这样的两个女人，至少两个。娶了红玫瑰，久而久之，红的变成墙上的一抹蚊子血，白的还是'床前明月光'；娶了白玫瑰，白的便是衣服上的一粒黏饭，红的却是心口上的一颗朱砂痣。"

但没想到，这位风情万种的"红玫瑰"动了真情，一心要跟自己的丈夫离婚，嫁给振保。

玩过界的振保这才心生害怕，原本他只想获得肉体上的快感，却不曾想，事业或许要因此受到牵连。为此，他狠心与红玫瑰断绝联系，并迅速搬离同学的老屋。

在母亲的撮合下，振保很听话地娶了性情安稳、看起来非常贤惠持家的白玫瑰——正如她给人的感觉，纯洁无瑕。但她的个性有些内敛，甚至毫无风情可言。

妻子满足不了振保对性的欲望，振保开始在外面嫖娼。直到有一天，他发现一直被自己视为纯洁女人的妻子，竟和一个形象猥琐的裁缝关系暧昧。疯了的振保，开始在外面疯狂地玩女人，以此惩罚妻子的不忠。

有一天，他在公车上巧遇当年被自己抛弃的红玫瑰娇蕊，发现她已是一位艳俗的妇人，正拉着一个孩子，像任何一个会关心自己孩子的中年妇人。

在泪光中，振保终于明白：男人一生中渴望的红玫瑰、白玫瑰，早已是现实里凋谢的幻影。于是，他幡然醒悟。

听起来，男人的欲望总是如此强烈，他们要只忠诚于自己的、纯洁的白玫瑰，又要能跟自己巫山云雨，各种放浪的、性感的红玫瑰。

为什么这两种特质不可以属于同一个女人呢？

因为男人不自信，也不信人。热浪如潮的红玫瑰，不会只对自己一个人具备吸引力，更不会只忠诚于自己；而纯洁无瑕的白玫瑰，但凡天真，就无法风情万种。

男人最需要的女人，最好白天高贵如白玫瑰，纤尘不染；夜晚妩媚如红玫瑰，妖冶迷人。所以，男人的欲望，从来就不是结婚可以满足的。

这样，振保的婚姻只能是一种荒诞的结局。就像他不会料想到——纯洁的妻子，竟然勾搭了外面的男人；而浪荡的娇蕊，最后竟过起了平凡的生活。

这荒诞的大反转，与张爱玲的个性分不开。如果对生活观察得够仔细，你也能得出些合理的结论，那就是："你看上去的，并不像你看上去的那样。"

还记得那句耳熟能详的话吗："你以为的就是你以为的吗？"

张爱玲的一生，充满荒诞离奇——出身名门，却有一位沾染一身陋习的封建遗少父亲和一位深受西化、优雅而敏感的新女性母亲。

这样的家庭，无法不支离破碎。两人日后恶化的婚姻关系，更一度令张爱玲的童年充满阴冷和悲剧。于是，她长成一个我行我素、与世隔绝、孤僻高傲的少女。

1944年2月，这位与众不同的少女，遇到一个狡猾的知识分子，她满腔的热情被打开，对他涌动出汩汩而不计后果的爱意。

孰料，这个长她14岁的男子，并没有以她期望的那种父爱式的热情来回馈她——结婚没多久，他就喜新厌旧，很快与其他女人勾搭在一起。

伤透心的张爱玲，忍着痛苦与胡兰成诀别，理智地中断了自己的初恋。

斩断情丝之后,她做的第一件事,就是写了《红玫瑰与白玫瑰》。其实,她很介意胡兰成对自己的不忠,所以才让振保这样一个有学历、有知识的优秀男性,在道德上有一些缺憾。

而小说的结局,张爱玲也给出了她的观点:任何一种出轨、任何一次肉体上的快活,都是会付出代价的。

而且,很多事并不如人们猜测的那样,一是一,二是二。正如白玫瑰最后变成了风流放荡的红玫瑰,曾经风情万种的红玫瑰则变成稳重持家的白玫瑰。任何人,都不能表面化地用眼睛去评价别人,而是要用心。

反思张爱玲笔下的女子,无论是有着旧式的文雅修养,还是受过新式的大学教育,却都面临着"娜拉走后怎样"的共同窘况——婚姻仿佛是她们在这个世界上的最后一根救命稻草,倘若离婚,就真的不知道自己能到哪里去。

尽管在女性意识觉醒的今天,真实的婚姻情况不再像书中所写的这样严重,但就我所知,还是有很多女性在结婚后自愿成为没有任何收入的家庭主妇,靠着照顾家庭、伺候老公获得一点儿所谓回报的生活费。这样的生活,最好她的老公永远不出轨,最好她的家庭永远不遭变故,否则离起婚来,她连律师费都出不起。

通常来说,"经济基础决定上层建筑"。谁挣钱,谁握权,这就是为什么很多女人在40岁以后,哪怕知道彼此已无婚姻基础，也没勇气离婚的原因。

在现代社会，"找个人"对于女人来说依然重要。

新独立女性一边喊着"将单身进行到底"的口号，一边忙着相亲。可到底是口号喊出去了，又没有张爱玲笔下那些女子一样的聪慧与灵透，所以，女人结婚的年龄越来越晚。

年龄大了，婚姻对于她们也空前绝后地重要起来。大家都在检视自己待"嫁"而沽的筹码，她们拼命地美容，为的就是自己能等到获得婚姻的那一刻——她们似乎忘记了爱情的重要性，而只记住了婚姻。

"结婚专员"其实不只是张爱玲小说里面的事情，而是现在正在火热的职业。如果说结婚证书是一张抵押单，那被典当的便是爱情。所以，现在大家都在拿着这张抵押单，等待着能够接受它的当铺。

张爱玲对待爱情是慎重的，她觉得要爱一个人，是很难的一件事。

正因为她自己明白这种艰难，所以，当她面对自己的爱情时，她格外热烈，格外投入。这些加倍的付出让她丧失了慎重，糊里糊涂地，她便随着胡兰成走进了婚姻。

婚姻是女人求生的砝码。

这样的观念，不是因为女人狭隘或者功利，而实在是女人投入的赌注比较大——她们投入的是一生，所以不得不这样。

张爱玲更是如此，她还加上了自己的才华，爱得没有了自己。

聪慧如她，一眼就看透："女人选择丈夫远不及选择帽子一般聚精会神，慎重考虑。"却随便交付了自己的幸福。

不管怎样，在面对婚姻的时候，男女其实都一样。

本着为后半生的幸福着想，就算再爱一个人，也要给彼此一段时间去磨合。聪明的人，会找一个相爱又合适的伴侣，就如找一双合适的鞋子，能让自己的脚更舒服。

爱情与婚姻的错位

人是因为爱情才选择走入婚姻。

对于女人来说，我相信，如果拿爱情和婚姻让她们选择的话，大多数人虽向往婚姻的稳定，却一定不会全然摒弃爱情，一心朝着那个围城奔去。

张爱玲的小说，写得并非是红尘男女肤浅的情爱，而向来以独特冷峻的目光洞悉世事。活跃在她笔下的女子，灵透明朗，好像污浊的只有她们身边的男人。

女人永远可以为了获得更加体面的生活，聪明地努力着——她们甚至可以洒脱地利用婚姻，包括通过参加交际会去告诉人们：我们生活得很好。

你若以为这样的女子只是徒有虚表，并不懂得爱为何物，那就大错特错了。她们当中也有人"一辈子讲的是男人，念的是男人，怨的是男人"，她们对爱情的渴求，有时候甚至超过了生命，更遑论婚姻。

只是，爱情实在是一件需要天时、地利、人和的事，而人的一生中，无常总是随时会出现。这些为爱而存在的女子，只是恰巧赶上了她们的爱情与婚姻的错位，进而连累自己成为一个不折不扣的矛盾体。

张爱玲的成名作《金锁记》，可以说是表现这种错位的典型作品。

如花朵一般的七巧漂亮有活力，"高高挽起大镶大滚的蓝夏布衫袖，露出一双雪白的手腕……"若她生在平凡人家，想必能嫁得一个好夫婿，即使生活不会大富大贵，至少是平静、幸福的。然而，这样一个美丽善良的姑娘，却偏偏被命运作弄。

七巧的哥哥为了换取优厚的聘礼，竟然把妹妹嫁给大宅门里的二少爷。

若是二少爷健康英俊，七巧嫁给他倒也算飞上枝头变凤凰，可二少爷偏偏得了软骨症，一辈子都只能躺在床上。而那富丽堂皇的大宅院，七巧除了能瞧瞧四方的天，便再无半点儿意趣了。

所谓欲爱不能爱，七巧这一嫁便在大宅门忍气吞声地生活了十几年，在精神和肉体的双重折磨下，她的性格渐渐变得乖戾，最终变成一个一身戾气的怨妇。

因为自己不曾得到幸福，所以她便破坏儿子的婚姻，毁掉女儿的幸福，甚至将儿媳妇折磨死，似乎如此她才能获得一点儿心理平衡。用张爱玲的原话说："三十年来她戴着黄金的枷。她用那沉重的枷角劈杀了几个人，没死的也送了半条命。"

但这样的曹七巧，并不是不想爱。

曾经，她真心地爱上了自己的小叔子姜季泽，他像一束光亮照进她的生命，为此，她几乎是不顾一切地去爱。她以为婚姻不会影响到自己寻找爱情，却不明白，她的爱情和婚姻就这样已经早早地错开了，并且不再有复合点。

后来，在这段爱情里最致命的阻碍——七巧的丈夫和婆婆相继死去后，她甚至也没能等来和小叔子的圆满。因为，姜季泽根本不爱她，只是看上了她的钱。

爱情的破碎，令她彻底癫狂。

爱情与婚姻的错位，一步步导致她走向无底深渊。

听过这样一句话："人一辈子只能拥有一次爱情。"伤过以后，多半"一朝被蛇咬，十年怕井绳"，不敢爱、不敢恨，因为心碎的滋味实在难以承受。

所以，曹七巧最终人格裂变，对儿女爱情与婚姻的扼杀，是由于爱情与婚姻在她自己身上的错位所致。其实，她只是一个对错位婚恋疯狂报复的可怜女人。

爱情和婚姻都是曹七巧追求的东西，虽然她已然分别拥有，却可惜错了位。最后，一切都随着这错位的婚姻和爱情而烟消云散，归于寂静。

张爱玲擅写错位的爱情，犹记得在《心经》中，她就讲述了一个年轻女孩与其父相爱的荒诞故事。这错位的爱情，显然注定是个悲剧。爱情实在讲究缘分，一定要在对的时间遇到对的人，才能成其好事。两者错一个，再相爱的两个人都可能会无疾而终，终身错过。

在爱情的世界里，最怕的就是这种错位。错开了也便完结了，空留下那些遗憾让人叹息。

张爱玲借用曹七巧的故事，空前而深刻地揭露出现代社会两性心理的基本意蕴。她曾骄傲地说，七巧是她小说世界里唯一的"英雄"，她用"一个疯子的审慎和机智"，成功地报复了那个伤害过她的社会；她也用最病态的方式，随心所欲地向这个世界展露她的淫威。

有时我也不清楚，她的悲哀，到底是时代的悲哀，还是她个人的悲哀……

爱情的下一步未必是婚姻

张爱玲说:"人生苦短。"可能正因如此,爱情的到来,使得人们短暂而辛苦的一生,才有了那么一点儿令人向往的温暖。

少男少女的爱情,总是充满鲜活的生机。遇到对的人,是一件比中 100 万彩票更令人兴奋的事情。相爱的人,原本应一起步入婚姻的殿堂,携手一生,却不料走着走着,爱就变了味道。

在张爱玲所写的《半生缘》里,人们看见了令人心碎的爱情,因为它那么纯洁美好,却始终未能走向婚姻——或许正是这种爱而不得的遗憾,才令此作品比较难忘。

这部小说的开头这样写道:"日子过得真快,尤其对于中年以后的人,十年八年都好像是指顾间的事。可是对于年轻人,三年五载就可以是一生一世。他和曼桢从认识到分手,不过几年的工夫,这几年里面却经过这么多事情,仿佛把生老病死一切的哀乐都经历到了。"

因为曼桢姐姐的恶毒设计、世钧的软弱无能，这段纯洁的爱情最终幻灭。

在小饭馆，已经生下别人孩子的曼桢，与已经成为别人丈夫的世钧相见，他们坐在当初热恋时坐过的位置，心情复杂地点了两个菜。她还记得他最爱吃的，他也一样。

当服务员退下，狭小的房间只剩这两个人。

曼桢望着眼前旧日的恋人，立即泪水涟涟，她哭着对他说："我们回不去了。"

没有更多的言语，这种无助的辛酸却隔着文字朝观众蔓延——那种哭不出来的无奈，那种为命运所戏弄以及不得不臣服的委屈，全都一目了然。

整个故事里，他们明明是最相爱、最该在一起、最应该拥有幸福的一对，张爱玲却狠心而决绝地将这段美好打破，演绎成悲伤给人看。

这部小说最初在报纸上连载时，有很多读者甚至写信给报社编辑，要求张爱玲重改，为曼桢和世钧塑造一个大团圆的结局。

但傲骄如张爱玲，她像疼惜生命一样珍惜笔下的文字，怎可为顺从读者的想法去忤逆自己？更何况，她有自己的坚持——在她的观念里，就算一对新人再怎么相爱，也一定存在爱情与婚姻势不两立的情况。

恋爱的时候，两人你侬我侬，十分有缘，提及结婚却分道扬镳，再无缘相见——不得不承认，张爱玲对爱情与婚姻的关联，看得真切，看得透彻。

这是生活给人们的恶作剧。有些人，哪怕再不舍，也注定只能是一只路过的蜻蜓。而爱情的下一站，未必就是婚姻。

张爱玲说："为爱而结婚，等于把白云装进坛子里。"但她自己对婚姻却有一种近乎感性的向往——在一个陷入爱情的女人身上，大概没有清醒可言，只有对地久天长的渴望。

但曼桢与世钧错过的爱情，却意外地成全了一直等世钧的翠芝。

我几乎可以想象到，以翠芝的聪明，尽管她深谙枕边这个男人是不爱自己的，但能够跟他携手走进婚姻，也未尝不是一种幸福。因为她已经摸透了世钧的性情，他不是那种可以为了爱情孤注一掷的人，要不然在多年后遇到曼桢的小饭馆，他就应该抛弃妻子，跟他的旧情人重归于好。

两个原本不相爱的人，最终却走进了婚姻，是张爱玲对于爱情的另一种讽刺。单就这层意思来说：相爱的下一站，未必是婚姻；而不爱的下一站，也未必是错过。

那么，爱情的重要性究竟在哪里？就只是相爱的那几年，人们曾轰轰烈烈地为彼此投入过的感情吗？

同样没得到满意的结果，但曼桢一定是要比世钧更痛苦的。

为什么这样说呢？因为女人都是爱情至上主义者。

没有了曼桢的世钧，仍然可以带着两个孩子，同翠芝安稳地组建成一个家庭；而失去了世钧的曼桢，就只能带着唯一的儿子，母子相依为命。

不能肯定地说，她以后不会再遇上良人，只是至少三五年内感情的创伤不会愈合。她或许会跟别人相爱，但很难再走入婚姻。

爱情的下一站，未必是婚姻，而没有爱情的婚姻，同样可以相濡以沫、白头偕老。因为婚姻只是一种被多数人认同和选择的生活方式，就像一个互相帮助的团队、就像一种公平的交易，两个人互相搀扶着迎接生活的挑战和磨难。

这样的婚姻，更多的是责任。

只是，张爱玲错的是婚姻，而不是爱情。她的爱情，依然被人那样骄傲地传颂着——爱一个男人，爱到不计较他的所有缺点，即使他还有着其他的女人。

他们是有爱情的，只是与婚姻无关。

人必须生活着,爱才有所依附

张爱玲一直都很为她小说里面的那些女子惋惜,叹息她们是"绣在屏风上的鸟",生活在一个死的世界,没有青春,没有希望。

生活在这个世界里的人,根本不会想到明天,在她们的世界里,明天的明天也无非是那些衣裳、那些饭菜,没有任何的期待,也没有什么让人心跳的希望。

在这样没有希望、没有期待的生活中,她们忽略了爱,也忘记了爱,在她们的生活中也不存在爱。

在那个被凝固的世界里,爱是一个奢侈的东西,必须是"能飞的鸟"才能获得。现在她们是被"绣在屏风上",只为受到别人的欣赏而存在。

在那个兵荒马乱的年代,倘若女子没有一点儿生存技能、没有能够站立的支点,就会像《倾城之恋》里塑造的白流苏,

"没念过两句书，肩不能挑，手不能提"。而女人只能困在那逼仄的阁楼，而阁楼便是她们的整个世界。

而张爱玲的另一部小说《第一炉香》，讲述了一个女子"由良变娼"，因为没有依附而为爱沉沦的故事。

其中，有这样一个情节，是在故事的结尾处，已经沉沦的女孩子薇龙对自己生活现状的感慨。

当时，有一群水兵喝得烂醉，都把薇龙当作了青楼女子，吓得她撒腿便跑。乔琪笑道："那些醉泥鳅，把你当作什么人了？"薇龙却说："本来嘛，我跟她们有什么分别？"乔琪不让她乱说，薇龙却更加坦然："她们是不得已，我是自愿的！"

张爱玲借主人公的嘴，说出了这种没有依附只能靠出卖自己身体才能活下去的无奈和嘲讽。一句"她们是不得已，我是自愿的"，写尽了葛薇龙因为没有依附而为爱沉沦的苦楚。

张爱玲聪明地窥见这样一些可怜之处，她知道爱情是需要一定的物质基础的。她用小说中那些女子的悲惨下场，告诉在现实生活中挣扎的女子——在这个世界上，爱情的基础就是：看你只依靠自己能不能够存活下去。

只有拥有独立生活的力量，你所追求的爱情才会美丽。否则，你的爱情只能消失。

胡兰成也曾经给过张爱玲漂亮的礼物，但张爱玲心里清楚，那只不过是稳定生活的一味调味品。聪慧如她，不会傻到把自

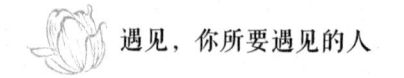

己当成笼子里的小鸟，因为找了男人就去全然依靠对方而活——那是相当没有尊严的。

她甚至对自己的好友说："能爱一个人到向他拿生活费是需要一些勇气的。"她很清楚地告诫自己，要想有华丽的爱情，必须先给自己扎实的物质基础。

她说到做到，并且做得相当潇洒。

经济上的独立，让她的爱情也变得高贵了起来，可以非常单纯地享受那互赠礼物的欣喜和甜蜜，而从不将赠送当成理所当然。不过话又说回来，如果让自己从生活上就已经依附了一个男人，那么，精神上的独立又从何谈起呢？

经济学派里有些人认同一个基本理论："经济基础决定上层建筑。"其实，爱情又何尝不是如此？只不过，每个人的经济标准不同而已。

如果一个人连基本的生存条件都没有，那么，他怎样去追求自己的爱情？没有任何经济基础的爱情是盲目的爱情，只可以存在于小说或者影视中。生活是平实的、细节化的，或多或少地带着一些经济的因素。

人一定是有了稳定的生活，衣食住行各方面得到满足，才有条件和精力去思考一些别的事情。

你何时见过乞丐去享受美妙动听的音乐会？去约一位身材曼妙的女子花前月下、饮酒谈诗？

关于人类为何需要爱情，西方神话中给出了一种非常优美的解释：

"从前人是一种'圆球状的'特殊物体，他有四只手，四条腿，一颗头颅，观察相反方向的两副面孔，四只耳朵。

"人的胆大妄为使奥林匹斯山上的众神忐忑不安，于是，众神之王宙斯决定把人一分两半，就像'在腌制花椒果之前把它分开，或是用一根头发切开鸡蛋那样'，使分开之后的每一个人不是四条腿，而是用两条腿走路，这样人就变得软弱一些了。

"在人的身体被分开两半以后，'每一半都急切地扑向另一半'，他们'纠结在一起，拥抱在一起，强烈地希望融为一体'，这样就产生了尘世的爱情。"

爱情之所以会产生，是因为人类想要更强大，这是神给爱情的一个美好解释。这种"强大"就是指一种生存力量，一种在自然中可以成为强者的基础。在如今的社会里，这个基础逐渐演变为金钱。

张爱玲是聪明的，她早早地看出了爱情对财富的依附，早早地洞悉到维持爱情所必需的物质状况。

因此，她感叹说："人生在世，还不就是那么一回事？归根到底，什么是真的，什么是假的？这些难辨的真假且不去管他，我们应该潜心下来，为了自己的爱情寻找一个依附，让生命和爱情都可以继续下去才好。"

爱情和婚姻，藏猫猫游戏

常常会听到有人感叹，人生如棋局。

其实，真相往往就是如此。人在困惑时，更容易感觉自己像是一枚无用的棋子：无论面对爱情抑或婚姻，都是在里面兜兜转转的棋子。

尽管只是一盘棋，但每个人都想要找出一个突破口，去下一盘漂亮的棋，实现美好的人生。

然而，人生不如意事十之八九，有时越想圆满，越容易出现纰漏。很多事情纠缠在一起，绕成一团乱麻，人在其中，无法逃离。

围棋里有一种死局，就是两个人都筋疲力尽，但是又因为要互相较劲都故意死扛，只等扛不住的一方弃子认输。当婚姻也出现这种状况，两个人的生活就再无幸福可言，等待他们的，必然只有疏远、冷漠。

与爱情不同，婚姻是两个互相了解对方的人的一场博弈。

很多女孩都单纯地想要在男生面前显露出自己所有的本性——请注意，这是危险动作。人最好不要将自己全部毫无保留地暴露在日光之下，所谓的信任、关爱，甚至是激情，这些都是讲条件的。

如果你恋爱过，必然不难发现，在双方互生好感的初期，你做什么，对方都不会介意。但时间一长，你若继续肆无忌惮地上演那些他不忍直视的缺点，你们的感情就容易引发癌变。

请记住，这世上没有一个人受得了你长时间的无理取闹——哪怕这个人曾发誓，会爱你到死。

其实，婚姻是场不折不扣的游戏。俗话说，"知己知彼，百战不殆"，日子久了，人都喜欢跟能够迎合自己的人待在一起，因为这是一种简单、舒服的事情。没有人喜欢整天吵架，浪费有限的时间和精力。

所以，一旦从爱情步入婚姻，女人就要注意，请收起你的大小姐脾气，和不分时间地点任性的把戏。

婚姻的维持也是需要爱情的，倘若婚后爱情不在，只有一种号称习惯的力量在支撑，那么，当有一方某天重遇激情，这段婚姻也就变得岌岌可危。这场游戏，也将宣告结束。

毫无疑问，爱情是伟大的，因为它只针对两个人而存在。君可为你生，你可为君死；而婚姻，则更多的是两个家庭的亲密关系。走入婚姻殿堂的爱情，少了自私，多了一份承担，有对家庭的责任，对亲友的关照。

张爱玲的《金锁记》，通过描写曹七巧的爱情与婚姻，为我们很好地展现了一出"捉迷藏"式的感情游戏。一方面，她不爱自己的"活死人"丈夫，却不得不与他扮演一对恩爱夫妻；另一方面，她深爱自己的小叔子，却碍于名分只能背地里勾引他。

而在《倾城之恋》里，通过描写白流苏与范柳原的爱情，则带出一场男女主人公锱铢必较的游戏。

女主角白流苏原是大户人家的女儿，后来她家道中落就嫁给了唐一元。唐一元是个不学无术的纨绔子弟，白流苏实在无法忍受丈夫的少爷脾气，一气之下和他离了婚，回到了娘家。

都道是"嫁出去的女儿泼出去的水"，白流苏的兄嫂骗光她所有的钱后，就想把她赶出家去。此时，白流苏没有了金钱，韶华也渐渐逝去，于是她决定趁着年老色衰之前，要找到后半生的依靠。

范柳原是归国华侨，有钱有产业，但却是一个浪荡的公子哥，青年时期有着一段不愉快的回忆。他性格孤僻，对于爱情根本无法驾驭，也无意于家庭，不愿给予对方承诺和信心。他虽然喜欢白流苏，但仅仅是出于生理需要，而不肯付出感情，更不肯担负责任。

正是在这样的情境下，双方真真假假地捉迷藏，吸引、挑逗下，遮饰的是主人公贫乏、苟且的内心。

两个同样自私而可悲的人，终于在"爱情"的幌子下走到了一起。两个人都当这是一场游戏，细心地演绎着各自的角色，调动各自所有的智慧，祈求各自能够在这场游戏中胜出。

只可惜，双方不相上下，眼看这场游戏成了一种死棋时，香港的沦陷成全了他们——"在这动荡的世界里，钱财、地产、天长地久的一切，全不可靠了，靠得住的只有她腔子里的这口气，还有睡在她身边的这个人。"

那一刻，他们终于完全谅解了对方，完美地结婚。

张爱玲所描绘的爱情，全然没有其他大家笔下浪漫、伟大的影子，而是普通人之间虚伪、市侩的爱情生活。

爱情是不能够被算计的，婚姻更是。

倘若谁硬要算计，那最终只能自己被算计。当你开始调动智慧想要赢得这场游戏，殊不知，你已是这场爱情的猎物。就好比在一个游戏场里，每个人都认为自己能钓到猎物，却想不到，自己也是别人眼中的猎物。

当你把爱情当作一场游戏，这多少类似于"姜太公钓鱼"，男人常幻想能在酒吧遇到一个绝色女子；而绝色女子想钓的，其实只是金龟婿。说到底，这不过是一场交易，无论用什么换什么都无关紧要，没有尊贵低贱之分。爱情不比金钱高贵，金钱也不比爱情奢华，大家不过各取所需。

第二章　爱是相吸，嫁是相守

从前，他顶讨厌小说里的男人向女人要求同居的时候，只说"请给我一点儿安慰"。安慰是纯粹精神上的，这里却做了肉欲的代名词。

但是，他现在知道精神与物质的界限不能分得这么清，言语究竟没有用，久久地握着手，就是较妥帖的安慰，因为会说话的人很少，真正有话说的人更要少。

让你的家庭有爱

婚姻是什么？只是一个家庭的防护栏吗？

当然不是，婚姻实际上是责任的器皿，也是爱的发源地。婚姻的本质，就是让人在其中要有爱心和创造生活的能力。

婚姻从来都不是公平的，这样，女人就成了附属——男人的素质，决定着女人的幸福。嫁一个男人，也就是嫁给了一种生活态度：承受男人所带来的喜怒哀乐，悲欢离合。

女人的这些承受，能换取的只有一样东西，那就是爱。

这种不公平的交换，对女人来说，是一种极大的冒险，也是一种赌博。

对于这种赌博，有的人愿赌服输，而有的人却牢骚满腹、不断抱怨。经常听到有些女子说："老公再也不像从前那么爱我、重视我了。我已经失去了爱情，早知道这样，当初就应该……"这样的抱怨，不是偶尔，是经常。

在婚姻中的大部分人，都在抱怨自己的爱情消失了。

其实婚姻就是这样，它其实是一种责任的相守。

当所有让你迷恋和眩晕的感觉消失的时候，爱情就已经长成亲情了。可是，人们都习惯忽略这个长大后的亲情：没有耐心，也没有平和的心态去过这样的生活——他们还在追求所谓荡气回肠的爱情。

为失去爱情而痛苦的女子，忽视了一件事情：爱是相吸，嫁是相守。而相守是一种沉默的幸福。

不管有没有爱情，当婚姻存在的时候，家庭也便存在了。

婚姻不像爱情那样，可以为了精神上的一丝愉悦而放弃一切，因为婚姻有它的责任存在。婚姻需要维系一个和谐的家庭，不但要维系，还要创造。要做到这些，似乎与爱情没有太大的关系。

可是，果真是这样吗？没有了爱情，又怎么能一起全力以赴地创造美好的家庭？为什么很多爱得死去活来的人步入婚姻之后却反目成仇？为什么很多走进婚姻的人都觉得"婚姻是爱情的坟墓"？

爱情到底是什么？爱情在婚姻中究竟有多重要？

事实上，爱情是一种吸引，而婚姻则是一种相守。爱情好像一块磁铁，当不再存在吸引力时，就可以选择放弃；而婚姻就像是契约，需要两个人认真负责地履行下去。

当然，谁也无法否认爱情的灿烂和美好——爱情令人心醉神驰、目眩情迷。

爱情的确妙不可言。然而，如果爱情只追求表面，没有牢固的基础，那么它就会像雨后的彩虹，来得快去得也急，转瞬即逝。因为爱情的保鲜期短暂得很，非但短暂，还很脆弱——爱是易碎品。

婚姻则刚好相反，它是一个漫长而寻常的过程，能予人以安定、温暖，也会因其庸常而让人感到厌倦。爱情一触即发，婚姻就需要恒久的耐心，需要合作，需要长久地负责。

用心观察一下周围人的婚姻状况，你就会发现，和睦的家庭里几乎不谈爱情。维系家庭稳定的最重要的要素，往往是条件般配、情投意合以及责任感强等所谓世俗和传统的东西。

许多爱得如火如荼的故事，其结局不少为悲剧，从"梁山伯与祝英台"到"贾宝玉和林黛玉"，从"罗密欧与朱丽叶"到"安娜·卡列尼娜和渥伦斯基"——没有一对能白头偕老的。

曾经在电视上某节目看到一位研究婚姻家庭的专家发表的言论，她说，以前她认为婚外情绝对不能容忍，只要出现了婚外情，是一定要离婚的。但是现在她不这样认为了，因为现代社会的诱惑太多，婚外情也要具体问题具体分析——只要出轨一方能够回归家庭，仍然是可以原谅的。

可见，爱情与婚姻的分离，正逐渐被大家所接受。当然，绝大多数人是为爱情而结婚的，只是仅有爱情来维系婚姻是不够的，长久的婚姻还需要亲情和责任来维系。

相比之下，婚姻里的家庭之爱更让人多了一份感叹，因为这样的爱是最无私的，不像爱情那样让人常常生出占有欲。

张爱玲同样向往一个充满爱的家庭，只是没有来得及勾勒出来。据说，张爱玲临终前一部小说手稿的名字就是《大团圆》，讲的是一个家庭成员之间关于爱的故事，可惜她没有讲完。

张爱玲一生都在寻找爱、寻找家庭。她出生的时候，父母的感情不好，父亲沉迷于抽大烟，母亲则独立地过生活，一个家庭就这样破裂地存在着。

然后，她在父亲的家里度过了可以称之为痛苦的童年，因为父亲爱的只是家产和姨太太，对于她这个孩子很少关爱。可以说，父爱的缺失是造成张爱玲一生悲剧的导火索。

少年没有父爱，中年没有夫爱，老年没有子爱。一个女人可以被称赞和怀念的，张爱玲都没有。她一生为爱忙碌，还是一生孤苦。

她曾经那么热烈执着地投身于自己的爱情，满心欢欣地认为，给了自己"岁月静好，现实安稳"的丈夫，可以给她后半生满满的爱和温暖的家庭，然而却没有。

张爱玲萎谢了，萎谢只因为，自己一直追寻的梦想，就那样毫无预兆地破灭了。

在没有获得爱的遗憾下,张爱玲离开了这个世界。然而,世间还有更多的女人为了获得爱而忙碌和拼搏,她们大概都是愿意这样生活的,宁愿去冒险,也要执着地获得很少光临人间的爱。

她们也只能在心底发愿,愿世间每一个女子在寻找爱情、组建婚姻家庭的时候,都能持久地握着这份爱走向人生的另一端。

所以,不要将这根爱的绳子丢失遗落在别人不重视的地方,那样,不仅辜负了曾经有过的生命,还将对不起未来的生命,将后来的人陷在一个无爱的、冰冷阴暗的空间。

爱这个东西

这天,一只孤独的刺猬像往常一样来到河边散心。

风是柔的、光是暖的,河边开满了粉色、黄色的小花。风景如此美好,可这只小刺猬却怎么都看不进眼里,他径直走到河边,痴痴地望着河里的水草发呆。

一条小鱼慢慢地游了过来,她看到正在出神的刺猬,忍不住轻声问道:"嗨,朋友,今天的天气这么好,你为什么要皱着眉头呢?"

"我有那么不开心吗?"刺猬说着,嘴角情不自禁地向上扬起。

突然,这条鱼的心疼了一下。不知道为什么,那一刻,她很想用自己的全部力量去温暖这只小刺猬。

就这样,鱼爱上了这只刺猬!

这时候,爱神出现了,她对刺猬说:"你是一只刺猬,你有什么办法去爱一条鱼呢?"

刺猬想了想,得意地回答:"我把身上的刺全都拔掉,这样我就可以拥抱她了。"

爱神笑了笑,她又来到鱼的身边,问:"你要怎么去爱一只刺猬呢?"

鱼说:"我要跳出水面,依偎着阳光靠在他的身上。"

于是,刺猬开始拔身上的刺,而鱼儿呢,为了和刺猬相拥,她一次次奋力跃出水面。

可是,每当刺猬拔掉一根刺,他的身体都要承受一阵剧烈的疼痛,鲜红的血顺着肚子滴到草坪上。鱼儿每一次跃出水面,都离刺猬近了一点儿,可当她离开河水几秒钟,就会觉得浑身干燥难受,甚至难以呼吸。

刺猬看到这一幕,难受极了,比拔刺还令他难受。

渐渐地，鱼开始感到绝望。她找到爱神，对她说："请让我有一双脚吧，这样我就可以走到他的身边去了。"

爱神笑着说："可是，你原本就是一条鱼啊，你是没有脚的。"

刺猬也来了，他对爱神恳求道："请把我变成一条鱼吧，我想跟她在一起。"

爱神又笑了："可你是只刺猬啊！"

他们面面相觑。刺猬难过地流下眼泪，他悲伤地质问爱神："难道我们相爱有错吗？"

爱神说："爱永远不分对错。"

刺猬又问："可我们为什么不能在一起呢？"

爱神平淡地说："如果你想给她幸福，就只有转身！"

刺猬恍然大悟，他最后怜惜地看了鱼一眼，转过头走了。

鱼儿呢，也摆摆尾巴，朝着大河深处游去。那一刻，鱼儿也明白了，只有放弃这份沉重的爱，她才能寻找到真正的幸福。

爱是什么呢？爱也许永远都说不清楚，但只要能给对方带去幸福，也让自己过得开心，这就是爱。

爱是什么，尘世间到底存不存在爱情？如果不存在，那么，当你伤心流泪的时候，所感受到的又是什么？如果存在，那它为什么看不见、摸不着，就连遇见的概率都那么渺茫。

爱，究竟是好的，还是坏的？如果是好的，为什么有那么多痴男怨女都在痛恨和埋怨？如果它是坏的，又为什么有那么多人去苦苦追寻？

爱，在张爱玲的笔下，是一种相遇。淡淡的，在碰见你的时候轻轻地说句："噢，你也在这里吗？"这便是爱的开始，也是爱的结束。

这种爱，虽然没有声音、没有形状，两个人还有可能隔着千山万水，有着时间与空间的距离，看不见、摸不着，却隐隐约约有一根纽带系着来自不同方向、不同世界的两颗心。

爱在张爱玲的笔下，还是一种"懂得"，一种"慈悲"。在她爱着胡兰成的时候，不管外界对他有什么看法，她从不理会他人的评价——既然爱他，既然做出选择，便一心一意地付出，不计较物质与精神的付出。

尽管后来胡兰成辜负了张爱玲，她也没有如一般女人的狭隘心思，对曾经的爱人进行报复。

相反，张爱玲非常果敢地给胡兰成写下一封诀别信，并邮寄去一笔不菲的稿费。

在张爱玲心里，胡兰成与自己毕竟相知过——生活在这个世间，能够遇到一个互相懂得的人已经很难，就算没缘分走完一生，大概也不必计较曾经了。

正是这样一种慈悲，使她饶恕了胡兰成，也使岁月饶恕了她。

张爱玲没有长成一个为爱伤到世俗的小女人，而变成岁月里永远的一株黑玫瑰：坚韧，顽强，果决，勇敢。

既忍得了被伤害，也能够断舍离。

拿得起，放得下。

相守时，要用尽真诚

与人相交，真诚是最低底线，爱情尤其是。爱情这个东西，最见不得一点儿欺骗，一旦被发现，原本美好的爱情也会出现永远都弥补不了的裂痕。

爱情如果不讲真诚，那就真的会沦落为一种追逐情欲的游戏了。

要真诚，首先就要做到彼此互相信任。没有信任，即便拥有婚姻也不会幸福，更不会滋养爱情。

六月的北京总是阴晴不定，我刚回到家里，换下湿淋淋的衬衫，就响起一阵门铃声。

我起身开门，瞧见沈洁一脸疲倦地站在门口，她的头发紧贴着头皮，鬓角处垂落几点水珠，眼睛里满是水汽。

我请她进门，递给她一条干净的毛巾。她接过毛巾，慢吞吞地擦拭着湿漉漉的头发，好一会儿才瓮声瓮气地说："我离婚了，就在刚才。"

我惊愕，赶忙问她："为什么呀？你们俩可是青梅竹马，怎么说离婚就离婚啊？"

在我的盘问下，沈洁告诉我，之所以会和丈夫离婚，是因为丈夫的猜忌让她觉得太压抑，这种生活和她曾经想象的生活大相径庭。

前不久，沈洁曾经的一位追求者从国外回来，约沈洁一起吃了顿便饭，一是探望老同学，二是祝贺沈洁有了幸福的生活。

沈洁红着眼眶对我说："吃完饭，他顺路送我到小区，我老公瞧见了，硬说我跟他关系不一般，说我要跟他旧情复燃。你不知道，当时他就闹开了，三个人好不尴尬。后来我跟他解释清楚了，可没想到他居然跟踪我。

"这事得有两个多月了。上周我去逛商场的时候，无意中发现了他，当时我就生气和他吵了起来。可你猜怎么着，他非但觉得自己没错，还倒打一耙，说我心里有鬼。这日子，我过不下去了，离了算了。"

我叹了口气，给她沏了杯热茶。沈洁吸了吸鼻子，叹息道：

"我怎么也想不到，他那么不信任我，居然还跟踪我。和他离婚，也算解脱了。"

沈洁的一番话着实让我惊异，当爱情中没有了信任，爱就会成为沉重的枷锁。

现代社会是一个多元化的社会，夫妻也需要维护各自的交际圈，比如与异性朋友、同事的交往、聊天信息等，都可能引发夫妻之间的信任危机。

其实，即使是亲密无间的夫妻，也该给自己和对方留一点儿空间，并彼此信任。

试想，如果夫妻双方缺乏信任，就算是一句玩笑话，也会横亘在你的心头，从而影响夫妻之间的情感——你的另一半不信任你，宁可相信外界的风言风语，也不肯相信和他共度此生的你，你一定会置身寒冬。长此以往，你们的感情就会变得岌岌可危了。

所以，信任是维系夫妻感情的重要纽带，只有彼此尊重，相信对方的人格与人品，家庭才能稳定，人生才会拥有幸福。

《倾城之恋》里，白流苏和范柳原这一对庸俗的男女，在兵荒马乱之中被命运掷骰子般地掷到了一起，于"一刹那"体会到了"一对平凡夫妻"之间的"一点儿真心"，这才深刻地感觉到，真诚对于一段感情的重要性。

在那个晚上，白流苏终于肯放下戒心，朝范柳原伸过手去，紧紧握住了那一点点儿因为战争而产生的真诚，然后凭着这点儿真诚，与他走进了婚姻，并且美好地共同缔造着日后安稳的生活。

如果你想和他坦诚相待，首先要向对方展现真实的自己。只想运用手腕让爱情和婚姻为自己所用的女子，只能算是一个为达目的而不择手段的心机女，倒不如张爱玲笔下那些还有点儿真诚的善良女子——她们或许是为了金钱才走上错误的道路的，但最起码在相守的时候，还有那么一点点儿真。

最后，想要真诚，还要讲诚信。答应对方的，对方可以选择没听见，但你一定要放在心里，尽量制造条件去实现。否则，总搬起石头砸自己的脚，对方也不会再相信你了。

其实，女人最大的心愿是能够获得男人的爱，而这样的女人，必定是一个能让他感受到真诚的人。

有些时候，男人比女人更看重婚姻。他们在外面拼事业，希望自己能够遇到一份可以相守的爱情，一份真诚的、彼此信任的感情，它经得起变化，哪怕是自己一无所有时，这份爱情还可以维持下去。

就连孤傲清高的张爱玲也认同这个道理："'执子之手'是一句让人难受万千的句子，那一句看似平淡的话，下面却隐藏了许许多多的磨难和伤痛。世界说大不大说小也不小，在冥冥之中，两个人能够相遇——相识——相知——相守，真的是一件很不容易的事情。

"所以,在经历了所有的事情,哪怕爱情已经磨灭,如果还相守在一起,那就是一种幸福。"

而通往这条幸福的道路,少不了彼此一致的真诚。

婚姻没有禁锢你的爱情

人们常说:婚姻是爱情的坟墓,人一旦走进婚姻,必将失去爱情。

这句话就像一个恐怖的诅咒,一直影响着人们无法做出对婚姻的正确评价。

事实上,真的有越来越多的人开始相信:婚姻和爱情是绝对矛盾、不可调和的。曾经让人陶醉沉迷的甜蜜爱情在婚姻里,将变成冷冰冰的产业合作关系,爱情的结果只能是死亡,这比张爱玲那只"绣在屏风上的鸟"更让人感到悲凉。

不过,事实果真如此吗?还是一切只是你的无聊猜测?

你要相信，任何事情在真实发生之前，没人能够决定那就是现实存在的，除非你一直有这样那样的心魔，认为最后一定会出现这种不好的结局。

所以说，如果有所禁锢，那也只是你的心魔在作祟——禁锢你爱情或者自由心灵的，只能是你自己。

有一对小情侣，结婚之前非常恩爱。他们每天都要一起上下班，周末去逛街看电影、去公园看花，有闲钱时还会一起出国旅行，日子过得简直太惬意了。

原本以为，他们会一直这样幸福下去。

谁知道，结婚半年，这种甜蜜又浪漫的生活就被打破了。丈夫似乎是一夜之间变成个"加班狂"，甚至每天下了班还要在外面应酬，很晚才回来。

渐渐地，他们再也没有一起出过门、逛过街，甚至要很久才能一起吃上一顿饭。

女人开始不满，开始大发脾气，情绪激烈时经常会在男人面前摔东西，一遍遍说："早知道这样，当初就不结婚了，现在过的是什么日子？"

丈夫呢，只能忍，只能哄，但事后依然免不了要加班，要忙着挣钱。眼看着他们的生活变成一个死疙瘩，解都解不开。

一天，女人偶然间清洗丈夫的西装，从兜里掏出几张医院缴费的单据。这才发现，原来这阵子婆婆生了重病，丈夫不想让她担心，才一直瞒着没有告诉她。

想到这里，女人恍然大悟——原来丈夫最近拼命加班，都是为了更好地维护家庭。这时，她开始明白：并不是婚姻导致了她不快乐、不开心，而是谈恋爱的美好时光已经过去了，作为一个成年人，自己早该主动承担起养家、照顾老人的责任！

那一刻，悔恨与愧疚的泪水在她的眼眶里打着转。

当天晚上，丈夫像往常一样拖着疲惫的身体回到家中，女人第一次没有朝他发飙和扔枕头，而是赶紧起身为他打来热乎乎的洗脚水，叮嘱他早点儿休息。

丈夫惊讶于妻子这突如其来的变化，他深情地朝着她望去，那一刻，他们之间虽没什么交流，却仿佛再次找回了恋爱时的那种甜蜜。

当爱情长跑结束，一对新人牵手走进婚姻的殿堂，去过人世间最平凡的夫妻生活，柴米油盐酱醋茶便成为日常的一切。少了恋爱时的甜言蜜语，很多人就以为，另一半可能不够帅、挣钱能力可能有限、性情可能不够温柔……

钱钟书在《围城》里有一句经典名句："（婚姻是）被围困的城堡，城外的人想冲进去，城里的人想逃出来。"

很多在围城里的人，因为已经清醒地知道自己完全拥有了对方，所以就对这份爱无所顾忌，甚至少了很多在乎。于是就悲伤地认为，爱情已经不在。

其实，是你刻意将对方的缺点放大，恋爱时所不计较的一切，在平淡的婚姻中开始变得锱铢必较——这根本不是爱情消失了，而是你执意闭上眼睛，不再看爱情。

当你们走进婚姻，爱情其实有可能一直都陪在婚姻的身边，只是因为你的疏忽和冷漠而迫使爱情离去。所以，最应该抱怨的不是别人，而是自己，因为人常常容易在不自知的情况下成为上面那个故事里的女人。

真正幸福的婚姻是没有禁锢的，比如牛郎与织女。这一个流传千古的民间传说，让多少人重新看到了真爱的力量。

因为爱情，两个身份不同，地位不同，来历不同的人，不顾一切困难走到了一起，最后走进婚姻，组建起家庭。虽然，他们被天庭律法禁锢住了自由，但彼此却爱得更加深刻。

这样的爱情，甚至感动北宋婉约派的词宗秦观，为他们留下一首《鹊桥仙》：

纤云弄巧，飞星传恨，银汉迢迢暗度。金风玉露一相逢，便胜却人间无数。

柔情似水，佳期如梦，忍顾鹊桥归路。两情若是久长时，又岂在朝朝暮暮。

要相信，人们始终是因为爱情才最终选择走入婚姻的，就连张爱玲也不例外。她爱胡兰成的方式，与你我爱一个男子并没有不同，都是期望能够"执子之手，与子偕老"。不然，她就不会什么都不要，只盼与那人"愿使岁月静好，现世安稳"了。

没有任何事物能禁锢一个人的爱情，婚姻亦是如此。若果真不幸被禁锢，也只如《金锁记》中的曹七巧，受制于现实，扭曲了灵魂，最终禁锢了自己。

怎样才算是"家主"

"格之以名分"，是过去社会对人伦秩序的一种管理手段。这样做了，大家也便都安分守己，认真做好自己的那一份儿事情。正是因为有了这些划分，女人才开始在婚姻生活中对家主地位产生疯狂的迷恋和追求。

在封建社会，一家男主不管娶了几房妻妾，不用争抢，只有原配的妻子才能成为家主，妾再得宠也只能为小。如果妻子在，做妾的都没有权力独自和男人缠绵，只能作为男人的一种泄欲工具，尽完义务便应当迅速离去，否则便有篡夺家主之位的嫌疑。

这样便有了很多的家庭纷争，妾依仗着男人的宠爱，妻依仗着家主的地位，双双争风吃醋。很多时候，一个光鲜的家主身份，远远胜过一个男人的宠爱。

家主地位之所以会被女人如此地迷恋和觊觎，根源就在于，自古以来妇女都是没有独立人格和地位的——在封建社会，她们甚至没有自己的名字。她们生活在一个男权社会里，没有独立的经济收入和正当职业，在经济上和人身上都完全依靠男人。

家主的地位无疑是女人地位的象征，这个小小的家主身份，不但能使自己的生活优渥，甚至连他人的情欲以及喜怒哀乐也都可以一并控制，怎能不让那些女人拼了命去争夺。

张爱玲也深深地感叹过"家主"地位对于女人的重要性。

一次，张爱玲将自己的鞋子放在了屋子中间，而两个打扫房间的用人虽觉得鞋子碍事，但因为没能得到张爱玲的许可，所以始终都没敢去碰那双鞋子。

看到两个用人宁愿被妨碍也不去将那双鞋子放在一边，张爱玲由此想到：大概正是因为自己这个家主没有分权的缘故。

作为一家之主的张爱玲，没有让她们去将鞋子收拾起来，那么，即便是碍事，也依然那么放着。

这就是家主的威严，也许男人从来不在意这些，但这却绝对体现一个女人在家里的地位。

为此，张爱玲专门写了一篇文章《气短情长及其他》，思考家主地位的重要性。在文中，她谈道："有些太太们，虽然也啬刻，逢到给小账的时候却是很高兴的，这使她们觉得自己到处是主人。我在必须给的场合自然也给，而且一点儿也不敢少，可是心里总是不大情愿，没有丝毫快感。"

给小账的这个动作，就等于是在对外宣扬自己的家主身份，因为别人是没资格和权力给人小费的——女人的这份荣耀，就那么浅薄地暴露在人们的视野中。

更奇怪的是，这种荣耀不会被鄙视，只会不断地被仿效。

多可悲，但女人也只有在这个时候才感觉到自己不是一个玩物，她们在这个时候，才得以将自己被压抑的情绪充分展现，她的人生也就挣脱了被男人宠幸的唯一目的。

这就是旧时代女子的命运，那时，几乎所有的女人都在重复着相同的事情。而在新时代，女人的命运一下子得到了翻天覆地的变化，她们就如同把世界翻了个底儿朝天，这个世界不再是男人一统的天下。

女人在"女性解放"的旗帜下，当家做主，趾高气扬起来。现在的女人不必和当初的太太一样，从给小账的事情上显示自己家主的身份，她们就是一个眉毛画高了，都能让人感受到那种当家做主的气势。

但是女人的逐渐强大，几乎让男人丧失了自信，变得越来越萎缩，正如人们常挂在嘴边的那句话：阴盛阳衰。也是因为这种当家做主的气势，多少也让在婚姻中的男性有了弱化以及"妻管严"的表现。

由于女性独立能力的强化，在现代社会中，家庭主导权已不可避免地成为男人和女人在婚姻中争夺的主要问题。而体现最为充分也最普遍的是，女人在家庭中的当家做主——她们大部分掌握着家庭的财政权柄，往往只给男人口袋里塞几个小钱，理由是：防止他们在外面因为有钱而胡作非为。

除此之外，女子因为在家主上的争夺和战争，而忽视了对男人的关爱——她们错误地将婚姻视为爱情的终点，不再去想着如何吸引那个曾经给自己爱情的男人。尤其是生子后，她们的主要精力都会放在孩子身上。

一个家庭地位的排列往往是孩子第一、女人第二、男人第三，若再养个猫狗之类的宠物，男人将被排到第四。于是，男人重新去寻找和他们相吸的爱情，独自将婚姻抛给占据家主地位的妻子。

贾宝玉说，女人是水做的，他道出了女人最基本的特质——温柔。相信没有一个男人，喜欢让一个刻板、生硬、铁腕的女人长期睡在他身边。

家主不是极权，不是谁拍板谁说了算的事情。女子所做的家主，是男人给的一份宠爱，不论在什么情形，都应该是在保留爱情的情况之下对男人充满吸引力。

普通女人的优劣在于，她是否漂亮。

诚然，漂亮的女人更能吸引男人，但是女人的漂亮不会永驻，你就是用尽天下所有的高级化妆品也无济于事。一个女人只有活得有个性、活得有热情，常活常新，才能使男人始终保持新鲜感，被持续吸引。

要做不让男人厌烦的，并被男人喜欢和依赖的家主，是一门难度很高的技术，一旦掌握不好，婚姻也会变了味道。

于是，聪明的女子学会了做一个顺从的女子，干脆脱了家主这一层衣裳，潇洒地做一个轻松的小女人。

第三章　我有时觉得，我是一座岛

一个女人，再好些，得不着异性的爱，也就得不着同性的尊重。女人就是这一点贱。

总之，没有婚姻的保障还要长期抓住一个男人，是一件艰难、痛苦的事，几乎是不可能的。

女人的原欲

弗洛伊德认为:"原欲就像一条河流,如果它受到阻碍,就会溢向别的河道,直接导致心理错乱和性变态行为。"

张爱玲的《金锁记》从不同的方面讲了很多东西,但最重要的是,告诉了人们一个关于"原欲"的故事,一个令人惊心动魄的人性变态和人性异化的故事。情欲的作用,很少有像在这篇小说里那么重要。

从表面看,曹七巧不过是为了能进入虽然已经破落,但仍然是贵族大户的姜公馆,才嫁给了患骨痨的废人姜二爷,最终将自己折磨成一个疯妇。

但想想,这何尝不是自己对金钱欲望的一种牺牲?

姜二爷身患残疾,一辈子都只能躺在床上,这对正当花季的七巧而言,是残酷的。换作任何女子,都幻想自己能嫁得如意夫婿,不求大富大贵,只求情郎待自己真心。

然而，七巧是"欲爱而不能"，当她终于放弃爱情，如那秋日的紫薇萎谢时，三少年季泽却毫无征兆地闯进她的生活，再次点燃了她对爱情的渴望。

当爱情在一个人身上得不到满足时，便需要三人、四人的幸福，乃至生命来抵偿。

前半生，七巧用金钱锁住爱情；而后半生，七巧用金钱锁住了家庭。她这一生不曾得到爱，于是她毁灭了儿子的爱情，拆散了女儿的婚姻。她的爱人抛弃了她，儿女更是恨她，她这一生都是不快活的，而这不快活便是她最悲惨的结局。

女人的原欲，除了情感之外，还有对金钱的渴求。《封锁》中就有这样一句高频率反复出现的话："可怜啊可怜，一个人啊，没钱！"

这一点，应该说我们都明白，在现代社会里没有钱是什么滋味。

现时代，很少有女人像张爱玲笔下的淑女那般悲惨，过着衣不蔽体、食不果腹的生活，但是没钱，依然作为一种恐慌威胁着她们。

因此，这些女人就处于以下两种生活状态：

一、急于获得金钱，哪怕成为人家的情妇，也想寻得一个生活依靠；

二、成为有钱人的太太后，要么变本加厉地"抓钱"，生怕天有不测风云；要么疯狂地维护自己的容貌，就怕"色衰而爱弛，爱弛则恩绝"。

无论是哪一种生活状态，都不过是将嫁人当作人生的救命稻草，借此来摆脱"没钱"的恐慌。可是，这样的婚姻可以带给你幸福吗？又或者，这样的婚姻真是你需要的吗？

李白有言："以色事他人，能有几时好。"作为女子，你便要活得高贵、大方，这与金钱无关，只关乎心境。

在现代社会里，很多女人在生活中历练得很成熟，不再把"结婚"看作自己的最终职业，她们的职业就是无论用什么样的方法，只要能够获得更多的金钱。

她们早就抛弃了爱情，甚至看不起爱情，更看不起屋檐下世俗而亲切的小日子，除了金钱，她们什么都不信。她们决不肯用花样年华换来平民百姓的花好月圆，她们盘算着如何走捷径、花最小的力气去改变自己的生存状态。

和张爱玲小说中的女人一样，她们并非真的没有钱、活不下去——而是没钱造成的恐慌一直威胁着她们，她们不得不让自己的黄金欲望处于主导地位。

女人的这种黄金欲望，让她们将自己囚禁在了一座岛上，一座欲望的岛屿。当欲望得不到满足时，它就那么一点点儿膨胀，像是女人脚上穿的高跟鞋，一点点儿地增高，以为这样就能看到人群中出类拔萃的高富帅。

其实不是，这种原欲让她们在孤独中疯狂。女人其实应该清楚欲望无止境，不能有太多的欲望，否则，就是给自己平添无尽的麻烦。

也许，每个女人在内心深处都是寂寞而痛楚的，不管她需要的是什么，她一定伤痛过，也曾为自己的欲望付出过代价。

但女人又总是很奇怪的，就男人的陪伴来说，陪少了嫌孤单，陪多了又嫌烦，似乎永远没有恰到好处的时候。

倘使你给她一个完美的结局，她一定会说，"情愿奢望一个艰辛的过程"；有时她明明渴望你的一束鲜花，当你手捧玫瑰时，也许她还会讪笑着说，"要是有钻石就更好"。

女人的欲望是每个男人都曾深陷过的泥潭，它是来自各方面的诱惑，包括物质、精神还有生理上的。物质上的欲望——金钱来满足；精神上的欲望——应该是由女人的个人品德与素质所决定；生理上的欲望——这个就不用说了，不论男人还是女人都会了解其欲望到底有多少！

看来，女人的欲望是由男人来给予的，给予得越多，其欲望也越高。

人类的欲望是社会进步的动力，而女人的欲望是社会进步的标志。女人有伟大的共同欲望：嫁个好男人；也有最高欲望：永葆青春。但是，前者的实现不那么简单，后者想要实现它更是痴人说梦。

于是，退而求其次的女人，纷纷开始找寻对自己来说最现实的欲望——物质。于是男人开始抱怨，在这个欲望的城市中，再也找不到他们喜欢的女人了，女人都义无反顾地嫁给了欲望。

其实，爱情从来没有离开过女人的心，只不过，心灵空间有限，所以，她们希望能在获得一份真爱前，先牢牢抓住一笔钱。拉伯雷说："没有欲望的人是自由的。没有谁真的自由过，男人又何苦为难女人。"

欲望能造就一个人，亦能毁灭一个人。身为女子，你需要有欲望，但是你不能在欲望中迷失了自己。

与其做一个"欲望女子"，不如做一个"掌控欲望"的女子。

不要只想孤独地同一个男人在一起

张爱玲身边的男人，除了自己的父亲和弟弟之外，似乎还没有哪一个曾在她心里留下过影子。因此，她便对初恋对象多了份认真。

张爱玲是一个爱情至上主义者，自从爱情这个信仰住进了她的内心，她就从来没有动摇过——她固执地相信自己一定可以找到一个男人，共同走完余生。

其实，每一个女子最初的欲望，也许都是一样的，那就是：找个男人，然后携手一起走到生命的尽头。在那样的情形下，这个男人就是女人的全部，她们就那样喜欢孤独地同一个男人在一起。

即使聪慧如张爱玲，她也和平凡的女人并无不同，恨不能初入情海，抓住遇上的第一个男人，孤独而美好地修成正果。

记得有人说："能和初恋走入婚姻殿堂，那简直是前世修来的福分。"但其实，初恋的感情往往更容易无疾而终。人只有痛彻心扉地失去过，才会懂得珍惜的必要性。

而对于男人来说，女人正因为具备这种单纯的小心思，才给了他们一个花心的机会。每个女人都只想和一个男人在一起，于是，男人也就可以放心地和其他女人开始另外的花前月下。

张爱玲对于胡兰成的认真和执着，让胡兰成有了寻花问柳的机会。

在张爱玲千里迢迢地赶赴温州找胡兰成时，她换来的不是殷殷问候，反而是对方的责怪。

用胡兰成自己的话说："女子千里迢迢找自己喜欢的男人，原本是一件让人感动的事情，然而张爱玲是不同于凡人的、绝世独立的女子，这种行为未免太离谱。"

他哪里知道，无论是什么样的女人，只要是女人，这样的行为永远都会存在。

胡兰成之所以会这样说，无非因为自己已另有新欢。而张爱玲还依然将他视为唯一，把对方当成一个可以和自己孤独终老的男人——胡兰成大概开始不安了吧。

试想，如果张爱玲没有将胡兰成当成唯一，而只是生命中的一个过客，那么，张爱玲也许就不会那么快地萎谢，也许她还能写出很多传奇的作品。

由此可见，一个女人要活得洒脱、清静，应该不去过分地执着于爱情，要做到顺其自然，甚至能够做到快乐地享受在她身边的每个男人。

新鲜，是男人和女人共同需要的东西。

男人不断地更换着新鲜的女人，女人却只是简单地更换着自己的衣橱，这本身就充满了不公。所以，女人千万不要只想着孤独地和一个男人在一起，男人也是需要更换的，像更换衣服一样。

这样说，并不是让一个女人学会水性杨花，每天围绕在不同的男人身边。而是，不要只把眼光单一地局限在爱情这个课题上。要知道，爱情是人生很重要的一部分，但也只是一部分，而不是全部。

莉莉自从恋爱以后，眼里就只剩下男朋友阿科一人。具体的表现是，不管阿科去哪里，莉莉都一定要紧随其后。

有一天，阿科告诉莉莉自己将要去其他城市出差一周，要莉莉在家把自己照顾好。但是莉莉坚决不同意，她说从没跟阿科分开这么久过，就算是出差，她也要买票跟阿科同去。

阿科生气了，他严肃地警告莉莉，这次出差任务艰巨，他是去工作，不是游玩，一路上照顾不了她的——要是完不成任务，很有可能会连累自己丢掉工作。

但是不管阿科如何费尽心思解释，莉莉就是不听，她还当着阿科的面订了往返的机票。

看到莉莉的所作所为，阿科彻底崩溃了，他当即收拾好行李，去朋友家借宿。莉莉看着把门狠狠一关、独自离去的阿科，心里一连串的问号，此时，她还不明白一直都非常疼爱自己的男友为何会这样。

几天以后，阿科出差了，莉莉自然没跟去。

阿科离开的第一天，莉莉把自己关在屋子里，不吃也不喝，想到这些伤心的事，她一个劲地掉眼泪。

第二天，莉莉还是闷闷不乐，但她已经开始给自己买菜做饭了，并且因为之前都是阿科做饭，她这才有机会找到烧菜的乐趣——虽然第一锅米粥煮糊了，但忙活了两个多小时，终于吃到自己亲手做的饭菜的那一刻，莉莉还是感觉内心真是爽翻了。

到了第三天，莉莉基本不再哭了，她试着跟从前的好朋友联系，并且在网上意外地碰到了自己的高中同桌，更令她惊讶的是，他也正在这座城市打拼。

很快，莉莉与男同桌交换了联系方式，当天傍晚，双方就在一家餐厅见了面。

高中毕业几年没见，两个人聊得不亦乐乎。莉莉这才知道，同桌已经在这座城市奋斗了五年，并且在今年开了自己的公司创业。

莉莉忽然发现，自己以前的眼界真是太窄小了，满心满眼就只有一个阿科一个人，都没有来得及认真地看看外面的世界。

因此，当对方问自己这些年都在忙些什么，莉莉马上变得坐立不安，感觉有些不妙。但是从那个时候起，莉莉暗下决心：以后一定要多多学习，把注意力从爱情上收回来，拿出更多的精力投入到其他领域。

果然，几天以后，莉莉不但出门找了一份新工作，结识了更多有趣的异性，并且还参加了不少社交活动，极大地丰富了自己的知识和经验。

这样自信、阳光又独立的莉莉，令阿科再也不敢小看。两个人的感情更好了。

如上所说，"孤独"这个词——单从一个很简单的角度看，男人这一生一定也是需要几个女人的。

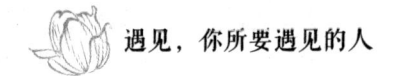

花花世界，诱惑太多，一次就找到今生挚爱的人，虽万幸却毕竟是少数。而人是太容易为诱惑所连累，乃至迷失方向的动物，而异性的种类纷繁复杂，因此不妨多走走、多看看，多给自己尝试的机会。

见过纷争残酷，才能懂得庭前花开的娴静美好。

多变的生命，是精彩的。

我们结婚吧

如果你真想成为一个成功的人，保持单身不结婚是不行的。一个人该不该结婚，听起来像一句废话，但是在 21 世纪的今天，恐怕我们要比较严肃地面对它。

张爱玲眼中的那些女人，用尽了所有的智慧与手段，所追求的不过是一场婚姻，不过是想要那个自己爱的，或者说自己依靠的男人对自己说一声："我们结婚吧！"

然而，这是一个既简单又复杂的问题。

两个人，从开始的兜兜转转，到最后的情投意合，要说出"我们结婚吧"，不仅需要勇气，还需要机缘。一个人有勇气向另一个人说出结婚的话来，想必是不能分开了。

但男人好像将结婚视为天下第一大酷刑，不到万不得已，实在是不愿意说出结婚这样的话来的。

而女人又天生敏感，在久等不到男人说出这句话时，要么改嫁他人，要么赌气，继续等候。

等他终于说出这句话，女人必定对着男人满心委屈地大哭一场，就好像男人对自己说出结婚这样的话来，是一种施舍、是一种怜悯。无奈的是，自己又不得不接受这样的怜悯。

女人都承认自己是需要婚姻的，没有婚姻的保证，她们总会感觉自己就像是飘在风中的那片黄叶，不知该落到何处，满目的荒凉。

不是爱到极点，没有女子会开口对心爱的男子说出这句话。女子总是在暗暗地羡慕那些终成眷属的情人，幻想着有一天，自己深爱的男子也会心甘情愿地对自己说出这句话。

但是，当经历了所有的沧桑之后，女人再也不会为"我们结婚吧"这句温馨、甜蜜的话心起涟漪，终于使这句最温暖的话，只因隔了岁月的风霜，便慢慢失去了原本的味道。

这，不能怪任何人。

男人都希望婚姻是自己成功以后的事情，都认为婚姻是靠自己的成功指数存在的。等到他们成功的时候，他们告诉自己需要婚姻了——然而，他们哪里是需要婚姻，他们想要挑选的是一个"东西"，一个配得起自己成功的"东西"。于是，在"我们结婚吧"这句话说出来之前，他们的要求就早早地摆在了那里。

结婚的这个对象，一要漂亮，因为要出席场合，自己得争足颜面；二要贤惠，要懂得怎样去帮助男人更好地打理一个家；三要有才气，男人总认为自己是一个很成功、很有内涵的人，所以自己的妻子万万不能是绣花枕头，要能和自己有精神上的共鸣；四要这个女人无可救药地爱上自己，不管发生什么事都不能离开他；五还要这个女人灵秀通透，什么都懂。

男人着急地提着自己的要求，却忘了在说出"我们结婚吧"这句话之前，女人需要的是什么。

在爱情和婚姻里面，没有等价交换——无须认为有了事业和地位，以及那一点点儿可怜的自认为的成功就妄自尊大。在怪女人黄金欲望的时候，先想想自己是否正确。

还有非常重要的一点，人越长大，戒备心越强。

对于感情来说，更多的成年人不会轻易选择走进围城，这就是为什么30岁以上的人，不论男女，总在面临着是否结婚的艰难选择——不是没有喜欢的对象，只是曾经受过伤，抑或孤独惯了，还没做好和别人共建家庭、分担责任的心理准备。

基于这样的心理，爱情似乎就变成了一档成人游戏。

在张爱玲的小说《倾城之恋》中，范柳原和白流苏就是这样一对各有心机的成年男女。按照旁人的看法，范柳原事业有成，白流苏风韵犹存，两人又互相喜欢，是做彼此另一半的最好选择。

但他们却坚持暧昧着，谁都不肯主动缴械投降，仿佛一认输，对方就会拿住自己的把柄，一辈子也别想翻身。这样矛盾的心声，明明是想要结婚，却偏偏对峙着，谁都不愿说出口，真是叫人好气又好笑。

要知道，两个相爱的人能在一起，是需要用九条命来交换的——八条半命让你获得爱情，最后的半条命去守护婚姻。

从前有一只猫爱上了一只蝴蝶，为此，它拒绝了所有的鲜花，一心一意想要获得蝴蝶的爱。然而蝴蝶却不领情："我爱的是强者，你知道山林中的老虎吗？他是真正的强者。"

于是，猫决定为爱变强。它找到了老虎，义无反顾地和老虎决斗，拼死咬伤了老虎的鼻子，却也死在老虎的爪下。

猫的灵魂见到了上帝，上帝说："你有九条命，现在还剩下八条。"

猫被送了回来，它把战斗的结果告诉了蝴蝶。没想到，蝴蝶又对它提出新的要求："如果你能找到喜马拉雅山的冰花，我就相信你是强者。"

于是，猫历经磨难登上了喜马拉雅山，但它的皮毛太薄，还没有见到冰花就被冻死在途中。

此时，上帝出现了，对它说："你还剩下七条命，回去吧。"

猫知道自己的皮毛太薄不能采到冰花，于是它求上帝帮忙。上帝答应了它，但代价是要拿走它的一条命。猫毫不犹豫地答应了。

带着辛苦得到的冰花，还剩下六条命的猫回到了蝴蝶的身边。但这次，蝴蝶又有了新的想法，说去海底最深处的地方，采回一种紫色的珊瑚。

于是，猫又爽快地跳进了海里。但是，它根本不会游泳，很快就被淹死了。同样，这次见到上帝后，它又用自己的一条命换回了蝴蝶想要的珊瑚。同时，它只剩下四条命了。

蝴蝶得到珊瑚很开心，它对猫说："你真是一只很勇敢的猫，如果你能让天空划过一颗彗星，我就会爱上你。"

猫很无奈，它知道这件事只有上帝才能做到，于是，它迅速地一爪刺破了自己的心脏。它如愿见到上帝，并将愿望告诉他，请求他帮助实现。

上帝说："你只剩下三条命了，如果你全部给我，我就让天空划过一颗彗星。"

猫爽快地答应了，但它请求上帝允许它能够最后回一次人间。上帝答应了。

猫带着蝴蝶来到一个大平原。夜里，一颗明亮的彗星出现在天空，绚丽无比。

蝴蝶看到了美丽的彗星，它觉得猫很伟大，于是爱上了猫。就在它觉得自己可以跟猫拥有幸福的一生时，猫随着彗星一起消失了。

那一刻，蝴蝶幡然醒悟：就是因为自己一味地不相信爱情，一味地要对方付出生命去证明，所以，它这辈子再也没有和猫相守的机会了。

或许是上帝看到了猫的付出，他竟意外出现，改变了主意，留给猫最后半条命。

后来，猫与蝴蝶还是在一起了。尽管只剩下半条命的猫再也无法变成蝴蝶曾希望的那种强者，但蝴蝶永远都知道，身边的这只猫，是爱着自己的。

结婚需要双方做出一个慎重的决定，是绝对需要认真考虑和对待的事情。但这并不意味着，任何一方可以无理取闹，用一次次折磨人的考验去坚定自己对爱情的定义。

如果你真爱一个人，就很简单直白地对她说："我们结婚吧！"

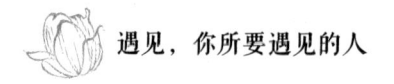

寻找爱不如收获婚姻

张爱玲一定是个对待感情有洁癖的人。尽管与胡兰成分手之后,她后来又遇见了赖雅,但两个人之间更多的是一种生活上的陪伴,少了许多心灵上的交流。

不可否认,张爱玲对赖雅也是有感情的,只是那感情远没有对胡兰成那么浓烈和孤注一掷。

但她始终是个信仰婚姻的女子。可能是幼年所遭遇的一切,使她花了半生的时间和力气在寻找爱的这件事上,因此在老去之后,才更渴望能有一个稳定的婚姻,一份简单恬静的生活。

有一个漂亮的女孩,因其外表出众、穿着时尚,身边总是围绕着很多追求者。这些追求者条件各异,有高富帅型的,也有健康阳光型的;有对她特别温柔的,也有大男子主义的。

奇怪的是,这个女孩谁都看不上,今天跟这个男孩约会,明天去那个男生家做客。她总是说,我的童年遭受过太多辛苦,从小就失去了父爱，所以想要获得更多异性的关爱。

一开始，大家都觉得没什么，女孩子嘛，总是喜欢这样跟男生撒娇的。但渐渐地，很多男生接受不了了，认为女孩是在故意玩弄自己的感情，于是纷纷退出。不到一年，连最后一个喜欢她的男生都说了再见。

女孩开始感到孤独。她明明也是付出真心去寻找爱的啊，却为什么到最后一无所有了呢？

寻爱的旅途，其实并不像想象中那么遥远，只要用心，几乎每个人都能得到一个互相喜欢的人。但是，如果你只想要享受别人给予的关爱和甜蜜，却不想给这份爱一个名分（婚姻），那么，这份爱便注定不会长久。

没有人是愿意永远谈恋爱的，除非他是一个不婚主义者，恋爱只是为了保持新鲜感。要是这样的话，想必他的恋爱对象也不会固定。

给自己所追寻的爱建一个家，一个赖以生存的环境，才是人间正道。

所以，张爱玲在失去胡兰成之后，还会选择跟赖雅共度余生。她明白自己已经错过了爱情，所以她也绝不想再要爱情，而是把目标改成了婚姻。

在适婚的年纪，选择跟一个合适的对象走进婚姻，不管对于谁来说，这绝对都是一个需要十足勇气的决定。所以，那些过了追爱年纪仍没等到爱情的女人，还敢擦干眼泪重新出发，为自己穿上一双舒适的鞋子，是值得人尊敬的。

说到底，寻爱的终极目标，也不过为了获得一世安稳。

张爱玲所描写的那种男女之间相互利用的爱情，不仅十分普遍，而且可以理解。这些并不浪漫的爱情和不幸的婚姻所形成的生活格局，我们不能期望它从社会和文化变革中得到根治和疗救。

爱情的残酷和苍凉，有社会的原因，更有人性和个性的原因。当人性中越来越多地充斥自私、猜疑、恐惧、贪婪和欲望，爱情和婚姻本身就岌岌可危了，它有的只能是华丽的伪装形式。

人们都习惯将已经拥有的东西浪费掉，不去珍惜，而去辛苦获取那些还没有得到的。"爱情至上，爱情唯一"，在这里变得苍白无力——现实的无奈和开放文化的冲击，使得很多人对爱情抱着一种怀疑的心态。

这种怀疑的态度，造成了人们对有形婚姻产生了一种宗教般的膜拜。但是，是否有人考虑过，经过策划和刻意追寻的婚姻，能不能够支撑以后几十年的岁月。

有一对年轻人，他们在火车上相遇，两个人就像是认识了很久一样地聊天。

男的是个画家，等到他把画好的画像送给这个女人的时候，女人便决定和这个男人一起生活。男人对女人也有一见如故的感觉,认识后的第二个星期,他们两人就结婚了。

女人以为,婚后的生活会多姿多彩,充满爱和甜蜜。

男人以为,婚后的生活会很刺激、很惬意,和欣赏自然风景、品茶一样让人身心舒畅。

然而,他们两个都错了。婚后生活就像划过的火柴,擦亮之后就再没了那一瞬的光亮。

男人不拘小节,不爱干净,不善交往,崇尚自由,喜欢无拘无束;女人则刚好相反,她温柔、乖巧,喜欢按部就班。由于两个人性格不合,不久之后,男人就提出了离婚。

女人答应了,但却没有离开他,而是以另外一种形式重新走入男人的生活——她带走了一把家里的钥匙,按时帮男人打理房间。

几个月以后,男人开始注意到女人身上的优点,第一次感觉到她的温柔与干净,竟然再一次地爱上了她。很快,在结婚时没能做过的浪漫之事,都被他们做了一遍。

这种放松而恰到好处的爱,令他们迎来了第二次婚姻。

当爱令人迷乱,看不清彼此想要的生活时,不如冷静下来仔细思考一番。婚姻原本就是给那些相爱的人准备的,只有当你懂得体恤对方,懂得给予对方一定的空间,爱才会回归,婚姻也才能美满。

做个万岁太太吧

在一个家庭里面,妻子无疑是重心。每个家庭都是女人的阵地,她们在这里演绎着自己的故事,展现着自己的幸福。

好妻子是一所学校,她知道怎样去塑造好一个男人,怎样才能为男人营造一份温馨,让平淡的生活多一朵浪花,给平庸的日子添一点儿色彩,使悠悠岁月别有滋味。

在近代中国,"太太"两个字往往都带点儿嘲笑的意味。因为在那个时代,只要你做了太太,那么你的生活就有一种不幸的趋势,逐渐变得狭隘、小气、庸俗,以至于社会上提起民国时期的太太们,似乎没有多少期望。

无论怎样,生活还得继续,太太无论尽职与否都是一生,只是有些人生活得好些,有些人生活得平淡些,平淡到只有柴米油盐。

而那些尽责的太太呢,正如张爱玲《太太万岁》中的陈思珍，在一个半大不小的家庭里周旋着，处处委屈自己，顾全大局，煞费苦心地经营着自己的家庭。

这样的太太，在上海的弄堂里，一幢房子里可以有好几个。

她的气息是我们最熟悉的，如同楼下人家炊烟的气味，淡淡的，午梦一般的，微微有一点儿窒息。从窗子里一阵阵地透进来，随即有下锅炒菜的沙沙声、有淘米换水的流水声。

主妇一般并不亲自动手做饭，但有时候娘姨忙不过来，她也会坐在客堂里的圆匾面前，择菜或剥辣椒。翠绿的灯笼椒，一切两半，成为耳朵的式样，然后掏出每一瓣里面的子，耐心地，仿佛在给小孩子挖耳朵。

家里上有老、下有小，然而她还得是一个安于寂寞的人。没有可交谈的人，而她也不见得有什么好朋友——她的顾忌太多了，对人难得有一句真心话。

她不大出门，但是出去的时候也很像样：穿上"雨衣肩胛"的春大衣，手挽玻璃皮包，粉白脂红地笑着，替丈夫吹嘘，替娘家撑场面，替不及格的小孩子遮盖……

然而，这种煞费苦心的经营竟很让张爱玲鄙夷，她在自己的散文中这样写："如今的太太已经不及旧时代的贤妻良母那种残酷的牺牲精神了，比起旧时代的那些太太少一些圣贤气、英雄气，因此看上去要平易近人得多。然而实在是更不近人情的。

"已经没有了旧时代的环境压力，太太们凭什么要这样克己呢？这种心理似乎很费解。如果她有任何伟大之点，我想这伟大倒在于她的行为都是自动的，我们不能把她算作一个制度下的牺牲者。"

文中的陈思珍，用她处世的技巧令她四周人们的生活圆滑化，使生命的逝去悄无声息，她运用那些手腕、心机，是必须的。

她这种做人的态度是否无可非议呢？这当然还是个问题。

姑且不说现在的女人是否应该委屈自己、顾全大局、为自己的家庭煞费苦心，最起码你应该对于所爱的那个人稍微多一些关怀和谅解。毕竟，组成一个家庭已是非常难得的事情。

一个好的、尽责的妻子特别能体察出男人的内心，她们懂得男人虽然外表强大，其实内心却很脆弱——他们为了能在社会上站稳脚跟，为了能承担起男子汉大丈夫在家庭中的责任，在社会中摸爬滚打，进行激烈的竞争，这些竞争早已经使他们伤痕累累、疲惫不堪。

如果女人在这样的情况下，还要让男人再继续参与一场家庭的战争，她们无疑是将他们逼到无处可退的境地。

要知道，这个时候男人的身心需要歇息，他们的精神需要慰藉。而家庭，是他们停泊的港湾，妻子是他们养精蓄锐的庇护所。因此，为你的他营造一个温馨的居家氛围是十分必要的。

所以，让已经步入婚姻、占领家庭阵地的女人做个"万岁太太"吧。

这第一步，当然是"四季衣裳三餐饭"了。

控制好男人的"胃口"，维护好他们光鲜的外表，还要注意牵引住男人的心。不能让自己做一个只能存放在柜子里的女人，还要懂得打扮自己，让自己拥有一份清闲的生活状态，以及浓厚的文化修养和笑对是非的淡然心境。

因此，从头发的样式、护肤品的选用、服饰的搭配到鞋子的颜色，无一不需要细心去面对。

有些女人会说，护肤过程比较繁琐，无法持续。其实，抽点时间就可以这样做——在家务完成后，给自己敷上一贴面膜，接着打开音响来听一曲席琳·迪翁的歌，然后倒在沙发上闭目养神地去享受。

试想一下，当你的先生下班之后，推开门看到的是一张容光焕发的脸，内心该是怎样的愉悦——毕竟谁都喜欢家有娇妻。

其次，懂得自我呵护之外，还要懂得自我欣赏。

如果连自己都不欣赏自己，还怎能奢求别人来爱自己？自我欣赏不是自恋，它是由理智、客观地对自己的认识引发出的自信。而这种自信心会使女人在为人处世上更加从容、大度，不陷入世俗的旋涡中。

得体的装扮，优雅的举止，丰富的见识，这些无一不透出女人高贵的气质和个人魅力。能正确自我欣赏的女人，大多受到良好的教育，她们聪明灵慧，出类拔萃，落落大方，灿烂的笑容里有一股凛然高贵的气息，让先生仰慕的同时又有些敬畏。

最后，要学会与时俱进，时刻保持学习的心态。

在现代社会，受过高等教育的女人越来越多，但四年高等教育不等于可以吃一辈子老底。社会知识更新越来越快，如果不及时加强营养，随时吸收新知识，你将很快变成一个营养不良的"生锈"女人。

摄取营养的方式多种多样，不只是单纯地看书、学习，比如上网浏览、交流，欣赏一部出色的好电影，经常翻阅一些出色的时尚杂志，学学设计和英文。

只有不断地加强营养，你才能在绚丽的生活中游刃有余，潇洒自如，生活也将因此更加丰富多彩。

第四章　物质包围下的婚姻

　　一个男人真正动了感情的时候，他的爱较女人的大得多。可是从另一方面看，女人恨起一个人来，倒比男人持久得多。

　　"啊，出名要趁早呀，来得太晚，快乐也不那么痛快。个人即使等得及，时代是仓促的，已经在破坏中，还有更大的破坏要来。"

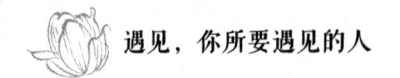

为钱为寡的选择

时至今日,在多数人眼中,"寡妇"一词依然充满贬义,尤其是在数十年前。当一个女人失去她的丈夫,她的人生往往不再完整,甚至会被看作是莫大的悲哀。

但是张爱玲并不如此认为,她的笔下有多个"寡妇角色",而这些角色不似苦情戏中失去丈夫后女人便一蹶不振,而是为了钱心甘情愿当寡妇。

在张爱玲的笔下,这些角色生灵活现,其中一部小说讲述的就是寡妇的故事,比如梁太太和葛薇龙。

这两位女性人物出现在小说《第一炉香》中,写的是两个女人为了金钱不惜牺牲爱情,选择做两代寡妇的故事。

梁太太为了钱,嫁给了一个老头,然后耗尽后半生的幸福"专等他死",这简直是把一个寡妇做到了极致——风流潇洒,既有了生活的依靠,也不乏情人的关照。

更甚至，梁太太还将自己做寡妇的心得，积极地传授给侄女葛薇龙。

葛薇龙原本是一个心思单纯的女学生，只是由于家境贫穷，不得不向生活富裕的姑母求助。姑母的豪宅"依稀还见的那黄底红边的窗棂，绿玻璃窗里映着海色那巍巍的白房子盖着绿色的琉璃瓦"，毫无疑问，这样的房间使葛薇龙内心震惊，只觉得有点儿像古代的皇陵。

然而，她到底是单纯的孩子，面对姑母为自己准备的漂亮衣服，她还是"忍不住锁上了房门，偷偷地一件件试穿"。热乎劲儿一过，她又幡然醒悟："一个女学生哪里用得着这么多衣服？这跟大三堂子里头买进一个人有什么分别？"

虽然她清醒地认识到自己不能和姑妈一样选择"钱"，但是心底那颗蠢蠢欲动的虚荣心，在无形之中战胜了她薄弱的抵抗力。于是，她对着那些好看的衣服，自言自语道："看看也好，看看也好！"

这样地给自己借口，让她逐渐沉迷于靡丽的生活中。

不知是幸运抑或是不幸，与此同时，她的生命里出现了一个放荡不羁的纨绔子弟。

而此时，葛薇龙心底燃起希望的星星火焰，那便是"要离开这儿，只能找一个阔人，嫁了他"。

张爱玲笔下的许多女子，都将"嫁个有钱的阔佬"当作生命中必须完成的光荣使命，葛薇龙也未能例外。她如那些女子一般，振振有词地安慰自己：也只能做这个"为钱"的选择。在那样的社会，她挚爱的并非是那个男人，而是那男人拥有的金钱。

在金钱为主导的世界，想说爱情似乎很难。

现在的人们也是一样，女人在自己的婚姻问题上，依然是"黄金"做主体。

她们的唯一区别，只是比那个时候的女子选择了更多的金钱而又不必被人鄙视，原因是，大家都这样生存着，都在为了获得更多的黄金而忙碌着。

男女都如此，只是各自的方法不同而已。

女子实在不知道，除了利用婚姻和动用自己的姿色，为自己获取一份坚实的物质婚姻之外，还能有什么东西可以保障她们在下岗、失业、没钱之后还能体面地生存下去。

婚姻好似女子命运的转折点，它可以让女子从无到有，从贫瘠到富有，从卑贱到高贵……于是，女人上下求索，利用自身的资源——花儿一样的年纪和容貌，去搭乘那班名为欲望的列车，驶往婚姻的围城，用自己的青春和贪婪去打造玉食锦衣的理想生活。

似乎，这才是女子正确的选择。

张爱玲小说中的女人会这样选择，其实，现实生活中的张爱玲又何尝不是呢？只不过，她是在纯粹的爱情失败以后，才走上了利用"美色"交换余生的道路。

遇到赖雅的张爱玲，时年刚刚36岁，而赖雅却已是65岁的高龄。从相识到步入婚姻，这段婚姻定格之迅速几乎令所有人咋舌：仅仅几个月的时间。

或许是因为这样，所以，几乎所有的人都在猜测：这段婚姻的背后是什么。

而传记作家司马新的评论，无疑给了人们一种最合理的答案："张爱玲虽然结过一次婚，而且这时也不是一个羞答答的少女，但她始终是一个矜持的女人。因此，人们不免感到诧异，为什么这一次罗曼史会发展得如此之快。

"其实，张爱玲已意识到自己既寂寞，又像片无根之萍，尽管已搬到美国居住，但这种居无定所、事无定职的漂泊感依旧如故……她为自己蒙羞的未来感到焦虑，面临多方面的窘迫，她选择了赖雅做依靠。"

从这段评论中，我们似乎看出了所有女人在生活压力下的悲凉和无奈。

一个女人所需要的那个依托，是生命的一个支撑点，张爱玲也不例外，她需要这个支撑点，不然生命就无法继续。

于张爱玲而言，与赖雅的结合不仅是想寻求情感上的依托，也是想获得经济上的支持。

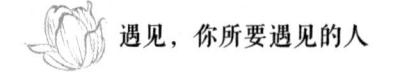

对于这段婚姻，数年后人们还一直在讨论。其实，这种讨论是比较让人生厌的，一个女子在无法排解的压力下，用婚姻来解决自己的窘况，又有什么不可以的呢？

只是千万别做曹七巧那样的女人，就好了。

把悲伤留给自己

说起悲伤，每个人都有。

痛苦就像是人一生必经的路途，且如影随形。但也正是痛苦使人明白，活着原本就并非易事，需要顽强的心理去克服、接纳很多悲伤。

如果你读过"祥林嫂"的故事，就能明白那只总把自己伤疤揭开给人看的猴子是有多愚蠢。

悲伤来的时候，最忌丧心病狂地分享——因为悲伤是不能分享的，只能用来隐藏。你若露出伤疤祈求得到别人的同情，结果只会为自己带来更大的悲伤。

反而，那些历经风雨不动声色的女子，更值得人褒奖赞扬。要知道，笑，全世界可以和你一起笑；但是哭，只能自己哭。

为什么是这样？因为很少人喜欢靠近阴郁。

人们之所以喜欢太阳，是因为太阳可以给自己带来温暖、光明和希望。而悲伤，就像寒冬里的一把刀，会不小心扎进心脏，那种不快乐的感觉，让人排斥。

相较于男子，女子似乎更容易产生悲伤。情绪来了，就像走进一座毫无头绪的迷宫，用尽力气也未能辨别出方向。只是，女子跟女子也不大相同，有些女子擅长将悲伤隐藏，默默地坚强；有些女子却忍不住时时提起，每次都在一个伤口上摔倒几次。

谁更聪明，谁更招人喜欢，人们显而易见。

张爱玲是半生快乐、半生忧伤的女人。她出生在一个不快乐的家庭，童年缺乏爱与关怀，令她渴望拥有一段轰轰烈烈、无所顾忌的爱情。最终，她实现了——胡兰成确实有着她对异性的一切幻想，她也跟他有过那么一段快乐无忧的时光。

在那段爱情中，她像所有女人一样，将自己的幸福毫无保留地展示给所有人，通过她的笔、通过她的小说，让整个文坛都为她的爱情和才华感到震惊。

但很不幸的，这段她视若生命的爱情，在给过她华丽的幸福后，竟也荒诞而迅疾地凋谢。胡兰成固然是好，但却犯了人性中极为常见的毛病——"贪"。

其实，我一直认为：张爱玲是不能接受胡兰成出轨的。在知道真相的那一刻，她的内心无比痛苦，不然就不会为爱搭上所有的幸福后，又永远地失去了自己在文学上的才华。此后经年，她漂洋过海去了美国定居，无非就是想远离故土的纷争，彻底忘记这一段不堪的爱情游戏。

这也是为什么很多喜爱她的读者，总是不出意外地站在她的角度，纷纷咒骂胡兰成这个负心汉的原因。

说起来，爱原本就不公平，也根本没有对错可分——有的，只是珍惜与否。

作为女人，张爱玲无疑是值得同情的——付出全部的代价去爱，却只能得到萎谢的结果，这真的很不公平。

然而，真正令人肃然起敬的，是她对待背叛者的姿态。那种高傲的、不容轻蔑的姿态，是即使在爱的时候可以为你低到尘埃，也还保留着自己一颗最原始的自尊心。

所以，张爱玲没有对任何人展示她的悲伤，而是默默地关上房门，独自流泪。尽管，此后她这一生都没能走出这段悲伤，但与负心人了结前缘的做法，却有着说不完的潇洒。

"卿本佳人，奈何从贼"，这句话或许是对胡兰成最完美的概括。

最后一次见面，她的内心充满了矛盾。知前缘已尽，当晚却仍旧分房睡。到了早上，胡兰成离开之前，去她的床前低身吻别，她无助地伸出双手一把抱住他，哽咽地叫了一声"兰成"，便再也说不出话来。

其实，如果当时挽留，胡兰成必会留下，两个人之间也可再有继续。但是，倔强如张爱玲，还是坚定地选择了放手——就像《七月与安生》里，七月说的："我不会嫁给一个不够爱我的男人。"

我想，没有几个女人能够接受一份不完整的爱情。

这次离别之后，张爱玲没有马上提出分手，而是用了将近半年的时间消化情伤。正是有这样一段时间的间隔，才能甄别出她是真的下定决心，不是在玩猜谜游戏。

诀别信是这样写的："我已经不喜欢你了。你是早已经不喜欢我的了。这次的决心，是我经过一年半的长时间考虑。彼惟时以小吉故（'小吉'，小劫，劫难之隐语），不欲增加你的困难。你不要来寻我，即或写信来，我亦是不看的了。"

随信，还附加了30万元——当时她的经济状况也不甚好，但还是一拿到剧本的稿费，就给对方邮寄了去。到底曾经爱过，纵然不舍，也仍有关心。

大概对于张爱玲来说，忍痛割爱总好过无爱的苦涩。但这次的离开，竟也令她付出沉重的代价："我倘使不得不离开你，亦不致寻短见，亦不能够再爱别人，我将只是萎谢了！"

在胡兰成的心里，张爱玲因是旷世奇才，所以就较之别的女人不一般——其实他哪里懂得，陷入爱情里的女子并没什么不同。张爱玲更不会因为她有才华，就比一般的女子耐受力强。因为爱情从来都是自私的，容不得第三者。

张爱玲虽然痛苦，却没有埋怨整个世界，更没有借助笔力，满世界去撒泼，而只是轻轻地告诉爱人："我将只是萎谢了。"

这样重重的伤害，却以如此淡淡的口吻说出来，不仅仅是将自己的伤口做一个完美的句号，给自己一个华丽的转身，也是对自己那唯一一份爱的尊重。

她说她不会再爱别人，可见这份爱在她心头的分量。但尽管如此，她也没有全部依赖这个男人，为了不舍得而选择不离开——能够离开一个爱错的人，这本身就需要莫大的勇气。

陈升唱过一首歌："把我的悲伤留给自己，你的美丽让你带走……"人活在这世上，想要不受伤、不被伤简直太难了，除非你铁石心肠谁都不爱。但有人在处理悲伤时，就总能很淡然，只将这些痛苦留给自己，从不昭告天下。

这样的悲伤，在默默地消化之后，已经转成稳固自己成长的一份能量。而哭着喊着恨不能让全天下的人都了解你的痛苦的人，只能被陌生人的眼泪唾弃，沦为一个扶不起的阿斗。

"他说风雨中这点儿痛算什么！擦干泪，不要问，为什么……"应当如此。

婚姻不仅是两个人的事情

当男人和女人因为爱情结合后,就需要走进婚姻。

婚姻不同于爱情——爱情是两个人的事情,而婚姻却绝不仅仅是两个人的事情,它牵扯到三个家庭。一个人一生中所有的知识、智慧、道德等,都要通过婚姻来检验。

简单来说,维持稳固的婚姻需要一种能力,具备了这种能力,才能在婚后顺利地通过那一系列来自生活的挫折考验。婚姻需要的东西太多了,爱情是无法全部承载的!

婚姻不但需要两人有共同的爱好,甚至受到各自社会地位、各自喜好等的影响。张爱玲与胡兰成的婚姻之所以会失败,就在于:两个人都高估了爱情的力量,而忽视了彼此之间存在的其他差异。用俗话来说,就是门不当户不对。

也许,张爱玲从来就没有把婚姻放在天平上去品评,她只是尊重自己的感觉,爱情来了也便来了,不去改变也不去塑造。

即使她和胡兰成结了婚，也还是不愿意胡兰成因为结婚而有一丝一毫的改变——她为了给胡兰成这种自由，甚至可以允许他狎妓游玩。

而无耻的胡兰成却以为是张爱玲本来就不在乎这些事情，殊不知，张爱玲是："因为懂得，所以慈悲。"

原本，她的这些忍让是为换回他的"浪子回头"和觉醒，盼他能够珍惜自己的这份真心。却没想到，他竟变本加厉，出轨的游戏越玩越大，终令张爱玲难以承受，走向崩溃。

在爱着的时候，人们的忍耐力总是能够轻易超出自己的想象——或许是不忍心失去对方，或许是不舍得对自己残忍，所以留恋那一点儿爱着的温存。

我们常常能听到这样的话："你愿意做什么就做什么，我只求能陪在你身边就好。"然而，这样的忍让并不值得人感动——此时陪在身边就好，以后呢？只要满足了条件1，以后就还有2、3、4多个条件等待着。别忘了，人永远都有欲望。

刚走进婚姻的张爱玲和胡兰成，正是在爱情彼此满足的基础上；但走进婚姻以后，张爱玲对胡兰成的要求也就不再像从前那么随便和简单——爱情是讲求奉献和牺牲的，婚姻却讲求彼此要忠诚。

尤其在当时那个战乱年代，人心易碎。情感上始终没有归属的张爱玲，在有了胡兰成之后，更难与他分离。于是，在分别几个月之后，她终于按捺不住，南下寻他。不过，在见到他又躲进了新欢怀抱的那一刻，她终于在雨中醒悟。

多么痛的领悟！

张爱玲此时才懂得，这样一个花花心肠的男人，终究注定无法为她的情感买单。她一生渴望能有一个僻静的岛屿容身，却在倾注一腔热血后，不得不回头。

婚姻不是儿戏，它是以两个人为中心和基础的家族问题，这个家族问题的复杂和无奈，有时并不是一个简单的应对问题。有很多恋人在结婚的最初，都无比笃信自己的婚姻可以地久天长，可是当他们一步步走过来时才发现，生活早已偏离了当初的设想。

婚姻是琐碎的，柴米油盐酱醋茶，样样都要认真规划。两个人搭伙过日子，不但要对自己负责，更要对对方负责。而爱情却有着许多盲目，爱，本身就是爱情成立的唯一理由。

爱着一个人时，我们的眼睛好像蒙上了一层迷人的面纱，看不清、辨不明，只跟着感觉走就行。而婚姻却需要揭开这层面纱，去考虑更多实际的东西，诸如此人的性格适不适合我，在一起会不会感觉到累，等等。

婚姻是一种性价比的组合，当你选择的对象越适合长时间的相处，则性价比越高。反之，则越低。所以，爱可以很大胆很想当然地去爱，选择结婚就是一件需要相当谨慎的事了。

对婚姻生活的认识，是随着年龄和婚姻生活的长短而变化的。最初刚刚步入婚姻生活的人，对爱情的长久是充满信心的；而婚后的人们，则对婚姻开始产生怀疑。

怀疑是最厉害的武器，产生了就会一直存在，当初自己满心欢喜的婚姻就有可能被扼杀。

而已经共同生活了10年以上的人，则已经不再去想长久的问题，更多的是归入一种自然的生活。他们的婚姻虽然已经有了点儿感觉，但又不是很到位，似乎缺少点儿感觉。

再往下去推，结婚20年或者30年的中年人，他们可能更像两个莫逆之交，生活各方面也早已形成默契，懂得对方的喜好，并已经能承受彼此不同的生活习惯给自己造成的影响。虽然这可能与结婚时的目的是相违背的，但却是实际的。

婚嫁的前提，不仅是两个人同意就行了，更得需要双方社会关系、家庭关系的理解、支持和祝福。

这是问题，也是结论。

因为每个人所设想的答案都和现实生活有太大的差距，所以，尽管在结婚的时候，两个新人也许会信誓旦旦地要守护两个人的世界，可是，随着生活的继续，这场婚姻会有很多人参与进来。

就算你再排斥也会有第三个人参与，别忘了还有一个孩子——孩子所带动的社会关系更是不可以随意被抹杀掉的。更何况，人本来就是群居动物，没有哪一桩婚姻是可以撇开社会关系而独立存在的。

因此，在事实上，婚姻已经不是两个人，也不可能是两个人的事情。它与爱情就像是两条不同的轨迹，凡是步入婚姻的人，一定要清醒地面对爱情褪色之后的淡漠，踏实地面对"过日子"的平凡与单调！

就像你在履行合同的时候，要有面对不可抗力因素致使合同不能实现的心理准备。不要单纯地以为有了爱情的陪伴，两个人就可以很轻易地白头偕老——婚姻中的种种变化，就像各种潜伏的危机，你很难预测它爆发的时间。

所以，面对婚姻，只有做好心理准备，才能在事情突发时，及时找到应对的方法，进而挽救自己的婚姻。

婚姻里面没有爱情，也不是什么悲剧

"你不像结婚之前那么爱我了！"

"我觉得你结婚以后整个人都变了,变得我都不认识了!"

这样的话语,在两性关系中并不陌生,且通常更容易是女性的观点。张爱玲在《倾城之恋》中就有这样的写照:"白流苏再婚以后,范柳原不再对她甜言蜜语,他说那是因为他把她当作自家人了。"

自家人,听起来是一个很好的解释,但却让人感觉有那么一点点儿悲凉。

就因为丈夫已经把自己当作自家人,两个人之间早已没了初见时的心跳与激情,握着对方的手就像是左手握住右手,没有感觉,只有彼此依存。

两个人之间再没有新鲜感,没有了极致的吸引,只有相互取暖。

没有了小鹿乱跳时的紧张,只有日渐苍老的皮肤和眼神。因此,很多人都说:"婚姻是爱情的坟墓!"

但是,事实果真如此吗?

所有的人都坚信,婚姻应该是因爱情而产生的,爱情也应该是婚姻生活的绝对主导。但是,随着时间的推移,爱情势必会烟消云散,因为肾上腺的分泌本就是一瞬间的事情,根本无法旷日持久。

试想,双双殉情甘愿化蝶的梁山伯和祝英台,如果结成夫妻走入婚姻,那么,他们的爱情还会剩下多少?

如果罗密欧和朱丽叶被父母同意结婚，那么，他们之间还会不会有爱情？

如果这些爱情都同样经受过平淡的流年，那么，爱情还会不会出现在他们之间？

让我们把所有的设想都回归现实，我们将不难发现：在现实生活中，女人需要的不过是一个温暖的家庭。

这个温暖的家庭，可以没有爱情，但只要有亲情和道德支撑着，就能为女人挡风遮雨——比起炙热而短暂的爱情，亲情虽不激烈，却更具有稳定性。

没有爱情的婚姻，也许比有爱情的婚姻更能持久。

要知道，爱一个人，一定是有附加条件的，一定是盼望能从对方那里获得更多、更厚重的爱。而期望越大，失望也越大，如果对方没有按照自己的意愿来做，长此以往，你将只有更痛苦。

从另一个方面来说，所有的爱情都有保质期。时间久了，激情总会退却——人体的皮肤展开不过两平方米，翻来覆去、日日夜夜地看，总会生厌。而习惯也就在这激情逐渐退去的过程中，得以形成。

很多时候，我们只是自以为爱消失了，其实并没有，它只是化作你身体的一部分，如影随形。不信你试试看：也许平时你不会有任何感觉，但若有天你们争吵，甚至提出分离，心还是会痛的。

电影《大话西游》里，紫霞去到至尊宝的身体里，才发现曾有人在他的心里流下过一滴泪。人对感情这件事，其实是迟钝的，要在很久以后才能发现，自己其实还在深爱着对方。

所以，那些出轨的男人，最后多少会为自己的行为感到不齿和后悔。因为，为了那一时的新鲜感，失去的是自己早已习惯的平静生活。

这或许正是人的本性吧，拥有的时候大多不会去珍惜，而"得不到的永远在骚动"着。

回首从古至今的许多桩婚姻，可以发现，似乎没有多少是因为爱情而牢牢维系的。相反，亲情和道德倒在其中起了极其重要的作用。

古人的婚姻，很多都没有所谓的爱情，但却基本上都能白头到老。而现在，被我们过分吹捧的，一定要找个相爱的人结婚的婚姻，反而更容易解体。更可笑的是，解体的理由大多是：没有了爱情。

婚姻中，其实是可以不存在爱情的。

因为年龄、父母的压力，勉强找到一个算是适合自己的人结婚，虽谈不上什么真正的爱情，却足以在婚姻中拥有一份稳定的幸福。

这就是为什么现在很多大龄剩男剩女结婚，越来越倾向于寻找一个能与自己性格合适的人相处。

比如，我身边就有一个女孩子，她非常爱她的大学同学，两个人互相发誓，这辈子一定要在一起，白头偕老。但这个男孩子刚刚毕业，没有好的工作，前途未卜，连他自己的生活都成问题，更别说去负担女孩子的压力。

就因为这个，女孩子的父母竭力反对。因为他们是过来人，太清楚一个男人如果没有养家的能力，女儿将来的日子会有多辛苦。

果然，半年以后，当父母不再极力干扰女孩子的恋爱后，女孩也主动提出了与他分手。

后来，在家人的安排下，女孩子与某军队的青年军官走到了一起。虽然，女孩子对这个青年军官没有特别的好感，但随着几次深入交往，也越加了解到他的许多优点。很快，两个人就结婚了。

婚后，这位青年军官仍旧细心爱着并照顾着自己的妻子，还托人帮她在省城找了一份不错的工作。在所有人看来，他们两人的结合无疑是幸福而美满的，而女孩子也逐渐领悟出老公的好来。

就如陈奕迅所唱："我要稳稳的幸福，能用双手去碰触，每次伸手入怀中，有你的温度；我要稳稳的幸福，能抵挡失落的痛楚，一个人的路途，也不会孤独……"那究竟怎样才算是稳稳的幸福？我想，就是如上述女孩子这样的生活吧。

张爱玲认为："女子取悦人的目的就是为了给自己换一个好点儿的生活环境，她们知道自己就像是鲜花一样，需要被保护和关心。"在寻找爱情的道路上，我们带着满心的期待，却发现爱情原来只在童话中，只存在于琼瑶的小说和那遥不可及的风中。

女人的角色，只有少女时代是属于爱情的，那是唯一还称得上"女人为爱情而生"的年代。一旦走出少女时代，女人就要承担起另外的角色，而这些角色都与爱情无关。

女人要为人妻子，需要动用全部的智慧，平衡和一个男人之间数十年的合作生活；也许还要为人母，她要牺牲自己的身体，把女性转换成母性，也许就此彻底牺牲掉爱情必备的异性相吸；她还要做回自己，万一男人靠不住，生活的水准还要靠自己的能力去追求人生的梦想。

女人的一生要做那么多的事，想来爱情虽很重要，却也只是生活的一小部分。

何况婚姻并不是爱情的坟墓，激情退却之后，只是化作另一种更稳固的亲情，扎根在彼此的生命中。

物质生活的成全

俗话说:"贫贱夫妻百事哀。"这样说或许是有道理的。

生活离不开衣食住行,离不开物质基础。理想中,既有真爱,又拥有富裕生活的婚姻,并不是每个人都可以遇到的,再神圣的爱情也离不开面包。

这的确是一个既无奈又现实的问题。

恋爱时,我们不顾一切去追求那种爱的感觉。然而,成家之后,生活的问题很实际地摆到了我们面前,没有回避的可能。这对婚姻中的男女来说,不能不说是一场残酷的考验。

生活,不再是一个人吃饱全家不饿的洒脱,如何恰如其分地安排自己那份有限的收入,满足家中老幼及另一半与自己的开支需求,再加上一些与他人的交际,成了迫切需要解决的难题。

女人是细致的,也是物质的。

拿张爱玲和苏青来说,她们是两个惺惺相惜的女人,都同样悟透了常人的凡俗。尤其是张爱玲，她从来就不以伦理道德高低来确定一个人的优越性。

就算是在她们的文学世界中，母亲也不再是神圣的，女儿也不再那么懂事，她拒绝了超现实的家庭神话和虚幻的女性本质，以平静的写实做底子，在现实的家庭婚姻生活中和都市生活场景中超越了女性神话，以冷峻的真实揭穿神话的虚妄。

张爱玲笔下的女性，是活在世俗中的，是看重金钱的。

张爱玲曾描述高更的画作《永远不再》中那个"想必她曾经结结实实恋爱过"的女人，并拿她和现世里的女人做比照："在我们的社会里，年纪大一点儿的女人，如果与情爱无缘了还要想到爱，一定要碰到无数小小的不如意，龌龊的刺恼，把自尊心弄得千疮百孔，她这里的却是没有一点儿渣滓的悲哀，因为明净，是心平气和的，那木木的棕黄脸上还带着点不相干的微笑。"

对张爱玲而言，她未必能做到"心平气和"，但她"明知挣扎无益，便不再挣扎了"。执着既然徒然，便舍弃了，便"只是萎谢"了。

唯其对"飞扬"的爱情觑得明白，心里雪亮，却偏为情所迷、为爱所动，才有现身说法的凄惨，才有回归认同凡俗生活的悲哀与无奈，才更令人生出宿命般的苍凉感。

对于女人来说，能拥有实在的物质，远比空洞的理想更为重要。怎样来对待金钱和物质，这也是女人在感情路上一个无法回避的问题。

林忆莲唱道："爱是什么，谁能明白，穿上了你的衣，如何忘记你的吻，我走不出这一种感觉。"物质，从某一种程度上来说是感情的润滑剂，有了物质，那爱的机器才能日以继夜地运转起来。

所以说，爱情很需要物质生活的成全。也正因如此，张爱玲笔下的女主人公才拼了命地去追求物质生活。

曾有电视台做过这样一期节目，讨论物质在爱情中的分量。

一个男嘉宾说："钱能买到一切，包括以死相许的爱情。"全场哗然，激烈反对的人非常多，无论男女都觉得这是一件不可能的事情。

于是，男嘉宾给大家出了道测试题：你的仇人爱上了你的女友，现在想给你一笔钱，让你退出，你会怎样做。

所有的观众都对这种论调很不屑，都认为这个嘉宾在侮辱他们心中最圣洁的爱情。

但结果却一步步在发生改变：出 5 万元，几乎没有人退出；出 50 万元，大家也还都坚持着；当价钱出到 500 万元，有一部分人开始退缩，他们觉得 500 万的价值大于他们的爱情了，但还是有些人在坚持着；等到价码开到 5000 万元时，全场人都同意要钱而转让爱情。

当仅剩的一名观众仍然坚持选择爱情时,所有人都认为他有病,就连他的女朋友也说:"我虽然感动,但更感动于为我付出 5000 万元的人。所以,最后我会奔向愿意为我付 5000 万元的男人。"

物质通常都是看得见摸得到的,而对于精神,我们却只能感受。就像那 5000 万元一样,人人看得到,人人都知道它意味着什么,能为自己带来什么。而爱情却不可以,没有人知道爱情能给自己带来什么利益或者收获。

人的弱点就是这样,他们宁愿相信眼睛和手,而不是心灵。但是,人们在追求物质生活,想要得到物质生活的成全的同时,必须有个底线,那就是不能让自己太贪心。

要知道,物质虽成全了你的生活,却绝对没有办法成全你的精神。

《沉香屑·第一炉香》里梁太太的结局,就是对过分追求物质生活会导致怎样的生活的一个最好诠释。

有钱的梁太太,在丈夫死了以后,终于可以自由地追求任何一份想要的爱情,可惜她已年逾花甲,青春不再,任金山银山也换不回她爱的能力。

因此,纵然她有了梦寐以求的豪华的物质生活,但精神世界却注定永远贫瘠而荒凉。

物质生活成全了她,也毁灭了她。

美国电视剧《绝望主妇》中的漂亮模特，为了能得到好的生活条件，精挑细选嫁给了一位有钱的老公。于是，这个漂亮模特有机会就整天在华服美钻堆里打滚，但是过了段时间之后，她就开始厌倦这种生活，便要求丈夫给她一个惊喜。

有钱的丈夫因为确实喜欢自己的老婆，就好像喜欢他小时候的玩具车。果然，他很爽快地送给她一辆崭新的跑车。

在实现了一切对物质的要求后，模特开始挑剔自己的婚姻。终于，她按捺不住寂寞，和自家未成年的园丁开始偷情，最后终于离婚。

每个人的生活的确需要物质的成全，但过分追求物质，又会令精神家园荒芜。毫无疑问，这中间有个看不见的尺度，如何把握这个尺度，就在柴米油盐的现实生活中。

第五章　爱错了

她写信给他，我已经不喜欢你了，而你，是早已不喜欢我的了。

这句中，分明有伤心委屈，不是为他，是为自己，为这一颗七窍玲珑的心里放的不是烛照四方的宝石，是破棉败絮。她自己，弄错了。

爱情与婚姻

柏拉图少年时，曾问老师苏格拉底："什么是爱情？"

苏格拉底并没有立刻给他答案，思忖片刻后，他说："前面有片麦田，你去那里摘串金灿灿的麦穗回来。但是，你只能摘一次，并且只能一直往前走，不能回头。"

于是，柏拉图来到麦田，他心想：我一定要摘下最好的麦穗。刚走进麦田，他就瞧见一串既硕大又金光灿灿的麦穗，正准备摘下时，他忽然想到老师的话，"只能摘一次，而且不能回头"。

柏拉图心想，说不定前面有更好的麦穗，等我遇到最好的再摘吧。于是，他继续往前走。

一路上，柏拉图遇到好几串金灿灿、硕大的麦穗，可他总觉得还会遇到更好的，于是和它们擦肩而过，最后两手空空地回去了。

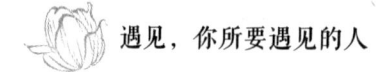

苏格拉底告诉他,这就是爱情。

这天,柏拉图向老师请教:"什么是婚姻?"

苏格拉底想了想,对他说:"你去森林里,砍一棵最适合做圣诞树的树。同样的,这次也只能砍一次,只能前往走,不能回头。"

一个上午过去了,柏拉图抱着一棵既不茂盛也不差劲的松树回来了。柏拉图说:"老师,我害怕再往前走就会和上次一样空手而归,瞧着这棵树还不错,我就砍下来了,省得跟上次一样错过,最后什么都没有。"

这时,苏格拉底说:"这就是婚姻。"

爱情与婚姻的关系辩证法,已经有很多人谈过。

有人这样说:婚姻是爱情的坟墓。当一段爱情走入婚姻,就意味着它要承受更多的东西——除了相爱的那份甜蜜,还有生活里的辛酸、苦涩。

爱情是一蹴而就、波涛汹涌的,婚姻却是稳稳的幸福。在过日子的烦琐和细致里,爱情是经不起推敲的。毕竟,一辈子相守需要耐心和勇气。

其实,爱情和婚姻并非同一种精神需要,两者很难融为一体。换句话说,婚姻里不一定存在爱情,而爱情也不一定能步入婚姻。因此,只有当两个人的爱情观得到统一时,两个人才可能相伴终生,举案齐眉。

比如，张爱玲与胡兰成的婚姻之所以会失败，就是因为：对于张爱玲来说，爱情是等于婚姻的；而对于胡兰成来说，爱情与婚姻完全是两样的。

他能给张爱玲"岁月静好"的婚书，是因为他们那时还有爱情，而当爱情冷却时，这张婚书也只是一张纸，不再存在任何的"岁月静好，现世安稳"。

尽管张爱玲那样聪慧，却仍然傻傻地看不透这一点，偏执地认为找到了让自己沉迷的爱情与沉稳的婚姻。

现在看来，一切没有那么简单。要知道，爱情是爱情，婚姻是婚姻——爱情既不是婚姻的前奏，婚姻也不是爱情的结晶，虽然婚姻在很多场合里有爱情的成分。

如果把爱情看成是婚姻的前奏，那么，婚姻很可能就是爱情的坟墓。婚姻不是爱情，它很大限度上是社会的、国家的、家族或家庭的产物，它是物质和精神需要的结果。

在现代都市中，爱情逐渐蜕变成了传奇，越来越多的人开始对爱情产生怀疑。不少人是步入婚姻殿堂之后，为了所谓逝去的爱情，又拼命想冲出婚姻的城堡。

那么，爱情和婚姻的本质区别究竟在哪里？爱情，是独立、自由、个性化的，而婚姻则是融合、约束、社会化的。它们拥有截然相反的特质，但这种特质并不矛盾，因为爱情得到升华后，便是婚姻。世界上没有一种东西可以永恒，爱情的消亡是

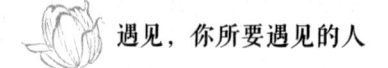

一种必然，与婚姻无关。

爱情是个人主观意志的产物，就如同一朵盛开的鲜花，总会从绚丽走向凋谢。

钱钟书在《围城》中写道："（婚姻是）被围困的城堡，城外的人想冲进去，城里的人想逃出来。"

这句话听上去似乎很可怕，而我却是这样理解的：婚姻是爱情的城堡，只有将爱情搬进那座城堡，城堡内才能充满鸟语花香。而在舒适、温暖的环境下，又遇上了细心呵护爱情的主人，你还怕这座城堡没有生气吗？

我曾听过这样一句话："如果婚姻里没有爱情，你将遗憾终身；如果爱情不能走向婚姻，你将终生遗憾。"

其实，婚姻比之爱情更多的是责任，如果你没有真正明白什么是婚姻，什么是爱情，那么，千万不要走入婚姻的殿堂。如果你明白了，那么，千万不要贸然地走出来。

记得托尔斯泰曾经说："只有爱情才能使婚姻变得圣洁，也只有被爱情圣洁过的婚姻才是真正的婚姻。"大仲马也说："结婚不是爱情的终结，爱的事业是永无止境的。"

这些源自实践的金玉良言，对于我们婚姻就是一种很好的启迪。

虽然常听人说，婚姻是爱情的坟墓，但是如果没有婚姻，你的爱情岂不是要死无葬身之地？

爱,就是不问值不值得

爱情这个东西,一直都被人们向往着,被世间女子用生命去追求着。

能与一个人相遇、相知并且相爱,其实是一种缘分,一种美好和奇迹。相遇,注定是爱情的开始,电光石火之间的四目相对,爱上了,就不问对方的过往。

沉沦于爱情中的世间男女,眼睛里只剩下对方的眉眼,再看不进其他东西。爱情能让人有一种盲目感,所以才显得格外的勇敢、疯狂,就如歌中所唱:"何必说狠话,何必要挣扎,别再计算代价,爱了就爱了……"

爱一个人,只管心甘情愿去付出,却从不过问前生后世,不问值不值得。如果用是否值得作为标尺来衡量爱情的话,爱情就会像菜市场里的白菜一样任人砍价,如此,爱情也便不会让人为之疯狂了。

张爱玲对胡兰成的爱，就从未问过值不值得。从最初在上海公寓的第一次见面，胡兰成在那狭小的房间昏昏地诉说，而张爱玲只一言不发地静静聆听。那一刻，对面的女人任是整个上海滩的文坛奇迹，也注定为满腹经纶的才子所吸引。

　　走在回去的路上，胡兰成像一位她的亲人，毫不避讳地问了一句："你的个子竟是这样的高？怎么可以？"一瞬间又将她的心扉打开。多少年了，从未有人这样亲近过她，更没说过这样丝毫不见外的话。

　　遇见这样一个懂得体察人心的男人，她，注定沉沦。

　　这场爱情的开始，是一出盛大的欢喜。张爱玲从小对人情冷漠闭而不问的心扉，一下子就为这个才子张开。她遇到了爱情——春天，开始在她的世界里出现、流连。

　　对这段爱情，她也的确拿出了全部的热情。因为太懂得物质对于一段感情的重要性，所以每每得了稿费，总是悉数上交；又太清楚爱一个人就是要给他全部的自由，她从不过问胡兰成的私事，甚至连他狎妓都装作没看见。

　　可这样的良苦用心，换回的竟是胡兰成的抱怨与赤裸裸的背叛。

　　离开的时候，她对胡兰成说："我将只是萎谢了。"果真，为之陪葬的，不仅仅是张爱玲的青春、热情、执着，还有那绝代文采。

张爱玲爱得那样轰轰烈烈，爱得如火如荼、如痴如醉，仿佛要将一生的执着与热情都耗费在这个男人身上。爱着的时候，她果然没去问值不值得，而只是按照自己的意愿，那样爱着。

爱情到底是什么呢？

爱情就是天雷勾动地火，令人爱到不顾名誉，甚至是生命。在民国时期还有这样一对远近闻名、爱到痴绝处的痴人，他们是徐志摩和陆小曼。

徐志摩是才华横溢的现代诗人，风流潇洒、卓尔不群，在新文化运动中推波助澜，是青年人崇拜的偶像；陆小曼是极具才气的"绝代佳人"，诗词、绘画、音乐无一不精，还擅长京剧、昆曲。虽未出过国门，十五六岁却已精通英语、法语。

相遇时，尽管两人一个"使君有妇"，一个"罗敷有夫"，却仍然爱到惊天动地，以至于不惜毁掉名誉，重组了家庭。

徐志摩为此辜负了原配张幼仪，忍受徐家长辈的唾骂；而陆小曼为他放弃了自己原本美满的婚姻，更打掉了孩子，导致终身不孕。代价如此之大，可他们爱着的时候，也同样不问值不值得。

许多爱，就是这样不问值不值得。

武侠小说《神雕侠侣》中，就讲了几个人的爱情故事，李莫愁当然是最悲剧的一个。想她当年亦是红装少女，青春可爱，却因为等不到一个男人的承诺，变成了杀人无数的赤练仙子。

犹且记得但凡她出现的场景，总要悲悲切切凄凄惨惨地念着那首："问世间情为何物，直教生死相许？天南地北双飞客，老翅几回寒暑。欢乐趣，离别苦，就中更有痴儿女。"

十五年来，她苦练武功，一心想找当年失约的陆展元报仇，却最终发现，自己虽恨透了他，见面时仍然舍不得对他下手。

在陆展元挥刀自尽的那一刻，她发现自己所有的执念都没有了。过去的十五年，她活着的目的就只有一个，而他死了，她的人生也仿佛被带了去，从此不再鲜活。

而小说里面，几乎所有的女人都在偷偷地爱着杨过。程英在客栈救下杨过一命，趁着心上人熟睡，偷偷写下"既见君子，云胡不喜"的心事；而陆无双则是非常享受她的傻蛋叫她"娘子"时的欢愉；然而最痴情的，还要是黄蓉的小女儿郭襄，自16岁那年看过杨过为她精心准备的烟花，生命里就再也放不进其他的男人。

可惜，这个心上人，早已有小龙女在侧。灵动可爱的郭襄，最后还是做了峨眉派的掌门，孤独而骄傲地守在峨眉山上，独自怀念着当年的那场浪漫。她们都为了杨过付出过最美好的等待，却从不问值不值得。

失望，有时候也是一种幸福

因为有所期待，才会有失望。因为有爱，所以才会有所期待，纵使失望也是幸福的。因为，有爱的人才有失望，而遇见失望的人，更有机会遇见希望。

但凡真性情的女子从来都知道怎样去对待失望，她们总是能将失望温热地转化，不让其酝酿成伤心。

张小娴就曾说："爱情本来就是用伤痛换取欢愉，不必埋怨，你不明白是你不够清醒。"她还说："唯一能令你痛苦的人，也就是那个能给你快乐的人。"她又说："流泪是幸福，失望也是幸福。"

从来不用一些虚妄的乐观和盲目的责备去处理事情，即使面对爱情也还清醒地认识到，那些许的欢愉是用自己的伤痛换来的。这么清楚，这么明白，对女子来说，竟不知道算是幸运还是悲哀。

张爱玲的爱情是痛苦的,她对胡兰成一定也曾失望,甚至绝望过。但这种失望,并没有成功地扼杀她,反而使她下定决心离开大陆,定居美国。

试想,倘若没与胡兰成分开,张爱玲势必在国内过着一种单调的婚姻生活。胡兰成的身份是尴尬的,他居无定所,还要靠女人养活。这样的男人,注定无法给一个女人一份稳妥现成的幸福。

而张爱玲对自己的婚姻,想必有很多的憧憬。她是那种"面包我自己有,你给我爱情就好"的女子,偏偏,胡兰成不能全心全意地爱她一个。对此,她的婚姻除了那些极不稳定的因素,更埋下出轨这颗随时可能爆炸的地雷。

因为失望,所以离开。尽管代价是感情与才华皆萎谢,可她毕竟漂洋过海,开启了全新的另一种生活——而这,何尝不是一种幸福。

这样的倔强和果敢,在她的小说里亦有所体现。《红玫瑰和白玫瑰》中,被振保辜负的娇蕊,勇敢地离开了这个负心汉而没有一味地痴缠,她后来同丈夫离了婚,又爱上了别人,最终过上幸福快乐的生活。

多年以后,她在街头与当初抛弃自己的振保偶然相逢,早已没有了悔恨,而只留给他一个优雅的背影,令对方充满遗憾,久久不能释怀。

在这场暗战中，娇蕊无疑获得了最后的胜利，用自己的幸福彻底击败了曾经有负于她的振保——这正是当初的失望，成全了她今日的幸福。

都说"长痛不如短痛"，但若要当时被辜负的人放下心上人，是极不容易做到的。但没有开始，就没有新生——带着失望开始全新的生活，其实也等于在干旱的土地里重新撒下一颗希望的种子。

同为作家的安妮宝贝，亦是一个习惯将自己沉浸在失望中的女子。在任何情况之下，她总能坦然面对内心的悲凉。她从不回避自己的经历和苦难，抑不去掩饰或覆盖，敢于将痛苦赤裸裸地展现在自己眼前，细细品味，涅槃重生。

因为懂得这些痛苦与失望，她便比别人更加懂得什么是幸福和希望。她的灵魂一直在漂泊，而她笔下《彼岸花》的主人公乔，也总是在各个城市的各个车站不停转换，没有归宿，没有依靠。虽然凄艳，却刻画出一种深刻的孤独，摄人心魄。

某个时刻，你会以为乔就是自己，安妮宝贝就是自己。但这样的失望与失落，竟也能孕育出对生活的渴望。她笔下的人物再悲伤，也没有人为了失恋要去寻死。

人活着，本来就处在快乐与痛苦的不停切换中。只不过有修为的人，已经能稳住自己的内心，不为外界的事物所干扰、所轻易拨动。

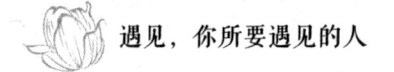

按住你内心深处的失望开关,不要觉得人生痛苦,而要冲出这层障碍,从痛苦中寻找到希望的源泉。

别看衣裳

莎士比亚有一句名言:"衣裳常常显示人品。"又有一句:"如果我们沉默不语,我们的衣裳与体态也会泄露我们过去的经历。"

中国古时士子出而问世必须具备四个条件:一团和气,两句歪诗,三斤黄酒,四季衣裳。可见衣裳是要紧的。

才女张爱玲就对衣服有着特殊的偏爱,几乎成癖。究其个中缘由,除了女性都有的爱美天性外,更多的是受了她两个母亲黄逸梵和孙用蕃的影响。

张爱玲在小的时候曾经看见,母亲对着镜子在绿短袄上别翡翠胸针,那种神情和认真的态度,深深地震撼了她幼小的心灵,使年幼的她深受感染,以致"羡慕万分",恨自己不能快点儿长大,并发誓"八岁我要梳爱司头,十岁我要穿高跟鞋""要穿最别致的衣服周游世界"。

母亲对孩子的影响,举足轻重。一个爱美、爱时尚的母亲,多半不会教养出一个邋遢得不知打扮的子女。

但张爱玲对穿衣服从来都是率性而为,她有自己的理由:"我既不是美女,又没有什么特点,不用这些来招摇,怎么引得起别人的注意?"并且她还告诉弟弟:"一个人假使没有什么特长,最好是做得特别,可以引人注意。"

在《更衣记》里,同样流露出这种心思:"我们不大能够想象过去的世界,这么迂缓、安静、齐整——在满清三百年的统治下,女人竟没有什么时装可言,一代又一代的人穿着同样的衣服而不觉得厌烦。

"从17世纪中叶直到19世纪末,流行着极度宽大的衫裤,有一种四平八稳的沉着气派。领圈很低,有等于无。穿在外面的是'大袄',在非正式的场合,宽了衣,便露出'中袄'。'中袄'里面有紧窄合身的'小袄',上床也不脱去,多半是娇媚的桃红或水红。

"三件袄子之上又加着'云肩背心',黑缎宽镶,盘着大云头。削肩、细腰、平胸,薄而小的标准美女在这一层层衣衫的重压下失踪了,不过是一个衣架子罢了。

"中国人不赞成太触目的女人,历史上记载的耸人听闻的美德——譬如说，一只胳膊被陌生男子拉了一把，便将它砍掉——虽然博得普遍的赞叹，知识阶级对之总隐隐地觉得有点儿遗憾，因为一个女人不该吸引过度的注意；任是铁铮铮的名字，挂在千万人的嘴唇上，也会在呼吸的水蒸气里生锈。女人要想出众一点儿，连这样堂而皇之的途径都有人反对，何况奇装异服，自然那更是伤风败俗了。"

《更衣记》以炉火纯青的独特语言，言简意赅地描述了20世纪上半叶的中国时装流变，寄以深切的人性感慨和对时尚的绝妙讥讽。

穿衣的目的就是在引起别人的注意，张爱玲自己对此并不隐讳。因此，她似乎并不在于通过别致的衣裳，彰显其长，隐藏其短，衬出自己的美，而唯奇而异之，与众不同是求。

所有人都明白，穿衣裳不仅仅是为了好看，而是为了彰显自己的气质。因此，衣裳的档次越来越高，款式越来越独特，人们的衣橱也越来越大，大到吞噬了自己的所有金钱、时间和精力。

既然衣裳有这样美化人的功用，张爱玲也是因为想要出众，引起别人的注意，才格外重视了那一身皮囊，希望光鲜亮丽的衣裳能遮挡那颗孤独的心。

对待衣裳的姿态，倒与她看待爱情的姿态不谋而合，完整又统一。她因为特立独行的审美，爱起来亦是与众不同。

她的爱情，什么都不顾及，就好像穿着奇服昂首阔步地穿行过每一条街道，人们能不能爱她完全不管不顾，她只要爱情——好像那种追求极致的特立独行，能让她穿上一件奇异的精神衣裳，能给她带来极致的满足。

其实，我们都了解，在一定程度上，张爱玲只是沉醉于胡兰成的举止、修养等的生命包装，并没有深入到他的灵魂里去。这不是爱的肤浅，而是爱的认真，认真到去忽略那种种的缺点。

衣裳是一个重要的事情，既不能过于造作，也不能过于在意。其实，无论是什么衣裳，只要自己穿得舒服，能较好地表达你想要展现给别人的形象，就足够了。

而观看的人呢，奇美华服固然令人艳羡，但最舒适的才最值得褒奖。人虽然需要衣服来体现自我，却不一定要完全依靠一件衣裳。

所以说，无论是自己的穿着，还是看别人的穿着，都不要让自己的眼光过于狭隘，不要让那一身衣裳蒙蔽住你的心灵。

张爱玲说："我们各人住在各人的衣服里。"而她自己，又何尝没用挑衣服的眼光，为自己设定出人生的局限……

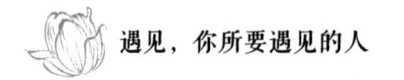

寂寞才是元凶

你是否有这样的体会：在某一时间段，疯狂般地渴望爱情；在某一时间段，莫名潸然泪下；在某一时间段，宁可孤身站在冷风口，也不愿回家；在某一时间段，辗转反侧久久难眠……

到底是什么搅乱了你平稳的生活，让你的心无处安放？

是寂寞。

田馥甄有一首歌这样唱道："我寂寞寂寞就好，你真的不用来我回忆里微笑……我寂寞寂寞就好，这时候谁都别来安慰拥抱……人本是寂寞的，我总会把你戒掉。"

人本是寂寞的，可是，我们真的乐于寂寞吗？

如果你走在一座繁华的都市，于午夜时分走进一间酒吧，就会发现，那里到处趴满了因为寂寞而宿醉的年轻人——越是光线昏暗的地方，寂寞越浓重。

寻找爱情，也是试图打发寂寞的方式之一。很多人认为，只要寻找到爱，人生就不会再寂寞。但是他们却忘记了，有了一个想念的人，时间会过得更加慢；因为寂寞去爱了，结果只能是因为想念而更加寂寞。

世间的男男女女，就这样掉进了一个走不出的旋涡。

我曾看过一个这样的故事：

茶杯先生一直都孤零零的，这让它觉得很孤单，生活简直无趣极了。于是，它忧伤地对主人说："我总是孤零零的，这种感觉太难受了。你给我一些水吧，或许这样我就不孤独了。"

主人听后，将滚烫的热水倒进了茶杯里。

霎时间，茶杯先生感觉自己快要融化了，它开心地说："这就是爱情的感觉！"

过了一儿，水渐渐变温了，茶杯先生觉得这种感觉非常舒适，它笑着说："这就是生活。"

又过了一段时间，水变凉了，刚才的舒适感不见了。茶杯先生悲哀地说："或许这就是失去吧。"

最后，水失去了温度，冰冰凉凉的，这种感觉难受极了。茶杯先生绝望地说："天呐，我们的缘分到头了。主人，快将水倒掉吧，我不需要它了。"

可是，主人并不在房间，茶杯先生觉得自己压抑极了，这种感觉太难受了。

终于，茶杯先生忍无可忍，它奋力一晃，"哐当"一声掉落在地，碎成了两半儿，水终于离开了它。但就在茶杯先生即将结束生命时，它突然意识到，自己是深爱水的，可它再也不能拥有水了。

因为寂寞，大家都慌忙地想要抓住一些东西，也容易对一些事情产生错误的理解。

在张爱玲的安排下，白流苏是抓到了一个衣角，因此，她可以笑吟吟地在自己的家里，一脚把蚊香盘子踢到桌子下去。

而看似"英雄"一样拼命的七巧，却最终什么都没能得到，在即将老去的时刻，仍旧两手空空。

公平吗？也许是公平的。因为太慌张，自以为是抓住了想要的一切，等到白头，才恍然大悟：一切终究是空。或许，只有这种死一般寂寂无声的孤独，才能让她静下来领悟自己的生命。

张爱玲的文章写得苍凉、绝望而清醒，这样的女子本该聪明绝顶，但在寂寞的煽动下，她是那么迅速地将自己交付给了胡兰成。

我知道，每个女人都渴望爱情，在爱与被爱的诱惑下，她终究还是飞蛾扑火，爱得忘乎所以，不去计较他已婚的事实，更不计较他的身份。

张爱玲的爱是寂寞且无辜的。

也许是因为过早地成名，她的前半生真的寂寞了太久。而因为爱上了那样一个男人，所以她的后半生也沦陷在寂寞的深渊，从此以后，闭门谢客，深居简出地过完下半生。

她就这样在无奈与绝望中接受了因为寂寞而爱，又因为爱而更加寂寞的宿命，甚至开始在寂寞中放逐自己。因为太专注于自己曾无法释怀的某个情结——伤害、欢乐、信仰、亲情抑或爱情等，平凡的女人一生都逃脱不了悲凉的追赶，别无选择地成为它的影子。

张爱玲的一生是悲凉的，但是在绝望面前，她并没有妄自菲薄，而是在绝望与孤独中勇敢、倔强地活了下来。她曾说："我们这个时代在闹爱情荒。"在小说《封锁》中也清楚地写道："他如果打电话给她，她一定管不住她自己的声音，对他分外热烈，因为他是一个死了又活过来的人。"

她写得何尝不是自己，倘若胡兰成再打电话来，她虽然心知不可，却仍然会柔情应和的吧。

爱是寂寞种下的蛊，爱错了的人，就要被寂寞纠缠一生一世。所以她在失去初恋之后，真的再也没能遇见爱情，此后半生竟像一盏残灯，一眼枯井，再也泛不起半点儿涟漪。

若让我形容张爱玲的人生，我想到的便是那静美而凄凉的秋日。她曾经历大起大落，这反而使她能够冷静地看待尘世，用一杆笔描绘人间疾苦。于她而言，爱情便是寂寞的，可她依然坚持着自己的观点，终于寂寞地独自凋谢了——她于一个月圆之夜，独自死在美国的公寓。

临别前,她似乎预感到了死神的到来,不慌不忙地为自己写好遗书,整理好抽屉,然后穿上那件平日最爱的大红旗袍,安静地躺在毯子上,然后,静静地合上双眼。

房东太太来敲门,这才发现了她的遗体。

来人间一遭,最后临死的时候没有一个亲人在侧,很多人认为,她走得孤寂。

是的,的确孤寂,但对于张爱玲来说,她早已与孤寂融为一体,这种孤寂地走一如她孤寂地来,虽令人难过,却也是最适合她的方式。

对她来说,这样的结局未必不够圆满。浮生若梦,纷纷扰扰的红尘中,她也算是鞋袜不沾地走了一遭,赤条条来,孤零零去,只留下一阵苍茫,一片空虚。

第六章　终知不过一场误会

张爱玲对于胡兰成，以为是找到了今生今世唯一怜己惜己的知己。

但终知不过一场误会，因为胡兰成却没有这样的想法。

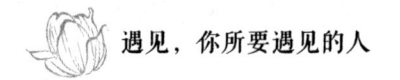

时代是仓促的

应该如何来形容一个时代?

如果身处这个时代之中,而又热切地盼望能有些改变,那么,这无疑是一种煎熬——每个人都恨不得它能飞速地转起来,时代却变成了人们眼中又笨又慢的老人,让人心中生着闷气却又无可奈何。

然而,时代毕竟还是仓促的,它总是不给人们时间,在你还来不及回头的时候,它就已经"呼啦"着飞也似的从你的年华经过,将你变成一位白发苍苍的老人。

人都是后知后觉的,在某天于镜子前发现脸上有了细纹,眉眼如何憔悴,也才领悟到:啊,原来真的这样老去了。

张爱玲处在一个杂乱而又美丽的时代,生活在那个时代的人生,每天都经受着美丽的过去和神秘未来的交互撞击。

她出生于晚清最后一代贵族彻底衰败的年代,可以说,她是幸运的，也是不幸的。她幸运地出生在一个门楣显耀的大家族，丰富的物质条件使她得以更清醒地去认知整个世界，而不至于像穷人家的女子一样为生计奔波；她又是不幸的，因为她亲身经历和见证了父母两大家族的没落与瓦解。

鲁迅说："有谁从小康人家而坠入困顿的么，我以为在这途路中，大概可以看见世人的真面目。"而在没落者的人群中，张爱玲是从更大的富贵坠入更加不堪的困顿。

虽然她的父亲继承了不少遗产，在上海拥有八幢洋房和一些古董，即使不工作赚钱也足够维持一辈子的日常生活。但他是不思进取的封建遗少，只懂得坐吃山空，短短十年间，就将这些财产化为乌有，最后只能栖身在一间不足十四平方米的房间，黯然死去。

至于张爱玲的母亲，则是新旧交替轮换中另一种悲哀的传奇。

这位曾裹过小脚的军门小姐，在生下两个孩子后，因为憎恶丈夫的堕落，愤而与张爱玲的姑姑远渡重洋去了法国，从此便不再关心两个孩子的人生。

可怜的张爱玲，自小便生活在父母的冷漠中，尤其是面对父亲的那张冷面孔，有着深深的绝望和恐惧感。想必她也永远都会记得，她的父亲宁愿自己抽鸦片、娶姨太太、买洋车，也不愿为她和弟弟的教育多花一分钱。

张爱玲中学毕业，希望去英国留学，她父亲那时手头还相当阔绰，却一口拒绝了她的要求。一个父亲为了自己的享受，毫不留情地摧毁了女儿的梦想。

面对母亲的远走、父亲的无情，还有一个与自己毫不相干、占据了母亲位置的女人，张爱玲的内心受到了巨大的创伤。

还有一次，张爱玲没有告诉后母，自作主张到母亲的家住了两周，引得后母万般恼怒，对她寻衅并诬告张爱玲打了她。父亲不问青红皂白揪住女儿就是一顿毒打，连赶来劝说的姑姑也被他打伤，随后父亲将她囚禁在房间不准出去。

深夜，张爱玲在保姆的帮助下，逃过警卫的警戒，溜出大门，头也不回永远地离开了家门，也永远断绝了与父亲的联系。

正是因为这种冷漠的气氛，才使张爱玲过早地洞悉了人性中残忍的一面。她明白了：在这个世界上，人人都忙于自己的生存，无论谁也不愿意做一点儿牺牲，哪怕是你的亲人。

这样幸与不幸的撞击，使得张爱玲将一幕幕死寂而悲哀的故事，慢慢地呈现在人们的眼前。

时代洪流中的家庭场景，家庭场景中落寞的人影，未能让张爱玲找到一个安稳的现世，却空留下一缕古旧的幽香在喧闹的异国。这样的经历令人不胜唏嘘。

即使在成名后，除了姑姑，张爱玲与父母、弟弟之间也仿佛是不相干的陌生人，生活在各自的世界里。

到了20世纪80年代时,在上海的弟弟费尽周折打听到姐姐的地址与她联络,她的反应仍是一贯的平静。

劫后重逢的欣喜,对于张爱玲来说也许是虚妄的,人生的底蕴本来只有暗淡,没有任何东西可以使它明亮,终究要暗淡到底。而童年时代悠长而混沌的日子,以及少女时代不快而破碎的心境,永远沉淀成生命的缺憾,不可弥补。所以,她对待弟弟"亦如常人,总是疏于音问"。

时代就这样仓促地滑过了张爱玲的身边。因为她的家庭以及童年所遭受的不幸,她才常常说:"时代是仓促的。"

一见钟情

一男一女,第一次见面,四目相对,撞出火花,热血沸腾,便把心交给了对方。谈情说爱的过程在瞬间完成,共同缔造爱情的浪漫与辉煌。

这就是一见钟情,是很多人向往并且追求的。

总是有人在想，两个人坐着火车，或旅行途中，就那么忽然相遇了，然后就一见钟情。

在这里我不禁想问一句，有没有女人没有幻想过一见钟情的事情？大概是没有的，就像没有女人不幻想遇见白马王子一样。

任何女人都会给自己织一幅这样的锦缎，和她们所幻想的白马王子一样，同样热烈，只是情节有所不同：你的白马王子是个背影的标志，她的白马王子是一个眼神的呼唤，还有的是微笑或一个动作……正所谓"有美人兮，见之不忘。一日不见兮，思之如狂"。

韦庄在《思帝乡》中道："妾拟将身嫁与，一生休。纵被无情弃，不能羞。"那妙丽少女与情郎邂逅相遇，便一见钟情，纵使情郎将来抛弃了她，她也是心甘情愿的。

这般飞蛾扑火的爱情，恰似张爱玲与胡兰成，热烈过后便只剩下悲凉罢了。

因果关系从来都有，而且没有限制。在爱情的最初尝到了绚烂，那么，日后的岁月也许只能是孤寂。灿烂能维持多长时间呢？也许和一根烟燃烧的时间差不多。

张爱玲和胡兰成算是一见钟情的爱情吗？

第一次，他们热烈地讨论埋在自己身体里的精神动向；第一次，胡兰成就成功地吸引了这位孤独已久的才女；第一次，张爱玲就将自己的心悄悄地找到了存放的地点。

一见钟情被张爱玲并不那么浪漫地演绎着,淡淡地,却也早已将她燃烧。

在小说《封锁》里,张爱玲以浪漫的文笔描写出一个一见钟情式的故事:吴翠远与吕宗桢素不相识,只在封锁(因为是战争时期,遇到一些骚乱或者小规模枪战以及游行一类的事情,通往租界的各种车子就会暂时停止运行,等到骚乱过后才解除禁令,允许人们自由往来)期间同坐一辆电车,本无故事可言,但一个偶然的机会(侄子的出现),使吕宗桢坐到了吴翠远的身边。两人逐渐谈得投机并且相爱,甚至还谈到了婚姻大事。

然而,等到封锁解除时,"宗桢突然站起身,挤到人群中不见了,他走了……电车里点上了灯,她一眼望见他遥遥地坐在原来的位置上。她震了一震——原来他并没下车去,她明白他的意思了,封锁期间的一切等于没有发生。整个上海打了个盹,做了个不尽情理的梦。"

其实,大家都很清楚,这样的爱情故事也只能是在"封锁期间"这样一个"非历史性"状态下的昙花一现。现实生活中,吴翠远是大学助教,严肃而刻板;吕宗桢是会计员,有妻子有家庭。

一旦谈到婚姻,便不得不考虑世俗的干扰。吕宗桢首先"回到了自己原来的位置上",正是男性对爱情、婚姻的退缩以及对感情的不负责任,才让女人对婚姻感到失望。

当然，这仅仅是张爱玲的观点，大概也是她自己对于婚恋的思考：大多数女性都会如吴翠远般在一个偶然的机会遇见那个人，但由于一个现实的因素（或者男人已婚，或者女人已嫁，或者两人"死生契阔"），她们多会发出如吴翠远般地叹息："完了，以后她多半会嫁人，可是她的丈夫绝不会像一个萍水相逢的这个人一般可爱。""白白糟蹋了自己的幸福。"

可见，他们的一见钟情并没有什么浪漫，不过是特定环境下男女的一种臆想。电车上的那个女人就像是在照镜子一样，照镜子时的女人总是让人心生爱怜。

这个公交车上的一见钟情，也不过是女子照镜子时不小心流露出的怜爱。

那么微妙的感情就在封闭的公交车里进行了全部的情节，在车门打开的时候也便结束——是该为这个女人庆幸，还是要为她悲哀？

爱情在她这里，不过是一站地的距离。

说到底，爱或不爱一个人，从来就不是一件轻松的事情，远没有一见钟情那么轻易。

所以，如果你不幸刚好碰到了一见钟情，尽管你的心随着那"一见"已经慢慢飘离了自己，这时，最好能给自己一个耳光，告诉自己，生活中没有幻想。奇迹是可能会发生的，但是奇迹发生的代价通常都是绝望的来临。

不要相信眼前的感觉，要立即把自己已经飞走的心拉回来，不然，那颗心就再也找不回来，再也不属于自己。

等到那颗心流浪到尽兴回归的时候，肯定已是满目疮痍，那颗原本属于你的明亮的、饱满的心，则早已灰飞烟灭。

善意的谎言

"死生契阔，与子成说。执子之手，与子偕老。"这句话的本意是：无论是生死离别，我都和你立下誓言，我会牵着你的手，和你一起慢慢变老。

而之所以会有这样的约定，大概是因为人生苦短，有太多难以预料的悲喜，比如当下就很流行的一句话："谁知道明天和意外，究竟哪一个先来？"

因为很多事情都没办法把握，所以爱也显得格外弥足珍贵，因为我们心里再清楚不过——哪怕多么相爱，终有离别的一天。就为这，也要把在一起的时光，倍加珍惜。

对女人来说，似乎更容易为这样的誓言所打动。因为她们的心始终如此柔软，几乎和耳根子一样的软。

即便聪慧如张爱玲，面对爱情，亦有如此的渴望，所以她在《倾城之恋》里，借用范柳原的口说出了这样的话："死生契阔，与子成说。执子之手，与子偕老。

"这是多么悲哀的一首诗！生死与离别，都是大事，不由我们支配的。比起外界的力量，我们人是多么小，多么小！可是我们偏要说：我永远和你在一起，我们一生一世都别离开——好像我们自己做得了主似的。"

在小说里，她竟看得如此通透，可在现实的爱情里，她却又开始假装糊涂——也许她是知道真相的，但她不愿意戳破。当胡兰成对她说出那句"愿使岁月静好，现世安稳"，她竟傻傻地相信了。

抛开胡兰成日后并没遵守约定不说，或许当时当刻，他果真非常认真地许下了承诺，暂且称之为善意的谎言吧。他是聪明人，知道张爱玲的需要，所以他就说了。

在真实的现实社会，很多人分不清善意的谎言和欺骗，更有甚者，将欺骗当作是善意的谎言，以此来减轻自己对别人犯下的罪恶。

比如，就在胡兰成南下逃命的过程里，屡次欺骗着张爱玲的感情，事后还冷冷地质问她：你怎么可以？他以为张爱玲是玲珑通透的女子，所以不需要在意那些情场的把戏，甚至应该站在他这一边，付出理解和关怀。但他万万没有想到，女人在爱着的时候，都是一样的。

一个很重要的现象是，爱情里虽然不容许有欺骗的存在，却一直包容着善意谎言的发生。讲出真相毕竟需要勇气，还要令当事人承受一定的痛苦，若你爱着一个人，自然不忍心眼看她为这些恼人的事烦心。

因此，可以说，善意的谎言是爱情的调味剂，其在爱情中同样不可或缺。你能最大限度化地讨好一个人，又使她避免被残酷的现实所伤，何乐而不为？

女人总是善于说谎的，不过她们的谎言却总是出于自己的那点儿小聪明，往往不伤害别人，只图自我安慰。

比如，在买衣服的时候，她们总喜欢一家家地逛和比较，东挑西拣，好像自己有一整天的时间可以浪费在这件事上。很多时候，她们明明看上了一款，却因为价格或别的因素，对那家店的售货员说，啧啧啧，这个款式太旧了，我穿起来不好看。

这样的谎言，或许只是为了宽慰下自己买不起的事实，安慰那瘪下去的钱包。而相反，很多时候她们会买一些用不着的东西，理由仅仅是它们够便宜。这就是女人的购物谎言。

从来都不说谎的女人是不可爱的，这样的女人，生活往往过于严谨，而严谨不该是女人的生活氛围。女人的生活应该是

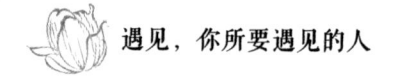

轻松的、活泼的，充满了诙谐和趣味。所以，偶尔撒个无伤大雅的小谎，可以让自己活得更简单些。

而男人也从来不会讨厌那些善意的谎言，反而更容易对那些说话、做事一板一眼的女人心生厌恶，同时，心里也会觉得这女人简直无药可救，根本不会博得任何一位异性的喜欢。

男人对未来的信心、对明天的希望，一定程度上依靠着女人的谎言而存在。

比如，当他辛苦忙碌了一下午，烧出一桌看上去挺精美的饭菜，待你品尝过后，他可能非常需要你的一句赞赏。在你看来，他明明做得很一般，但仍要表扬一句："你做饭真好吃。"

诚然，这是一句谎话，可却包含着浓浓的爱意，说不定他会因此更爱研究食谱，更爱下厨房。

女人在感情上的谎言，从来都不具有攻击性。她的谎言有时候或许只是为了保护自己，但更多的是为了保护她爱的人。

女人是一个忘我的动物，在感情的世界里全然丧失了趋利避害的天性，她们甚至对男人那明显用来做借口的谎言，也让自己假装糊涂不去弄明白。

所以，在感情的世界里，当你听到那些被装饰得漂亮的谎言的时候，请你不要吝啬，给对方一个微笑。

能想出谎言来让你开心，本身就是一件好事，那是他（她）在乎你、爱惜你，不愿意伤害你的表现。

你愿意相信和男人之间的友谊吗?

毫无疑问,"后备军"是个贬义词,至少在当今时代,它并不是一个美好的词语。提到"后备军",紧跟着的便是"朝秦暮楚""水性杨花",为什么我们会有这种想法呢?

因为,当女人不喜欢一个男人,却又不想失去他的关怀时,她就会小心地将男人对自己的感情转变成友谊,也是我们常听说的"后备军"。然而,在女人打算盘的时候,男人同时也在打着自己的小算盘。

张爱玲好像没有什么"友谊"的男友,大概是她看透了这点,她从不相信与男人之间的友谊。因此,孤独聪慧、才华逼人的她与男人的缘分极浅,仅仅碰到的胡兰成,就已经颠覆了她的整个世界。

张爱玲的友谊,只存在与炎樱之间,也是炎樱的友谊才给了她孤独中的许多温暖。

王尔德说："一个男人与一个女人之间是不可能有友谊存在的。"就一般而论，这话是对的，因为如有深厚的友谊，那友谊容易变质。如果不是心心相印，那又算不得是友谊。过犹不及，那分寸是很难把握的。

古人言，君子之交淡如水。那么，男人和女人之间是否存在君子之交呢？看到这里，你一定会不假思索地说："当然存在。男人与女人也能成为好朋友，不为利益，只为真心。"

那么，事实上如何呢？

显然不存在。无论于男人还是女人而言，多半都有自己的打算，比如"我喜欢你，于是我愿意作为朋友陪伴你"，或者"我想继续得到你的照顾和关怀，但是我不想对你负责任"。

赛莉的生命中，就曾有过这样一个男人，他就是赛莉的挚友，亲密无间的伙伴——A先生。在赛莉最软弱无助的时候，他可以给她一个温暖有力的拥抱；在赛莉郁郁寡欢时，他可以给她安慰和支持。

A先生陪伴赛莉度过了人生中最低潮的一段时光——离婚。然而，令人意外的是，赛莉却在离婚后结束了和他多年的友谊。

为什么会发生这样的事情？

赛莉和A先生是大学同学。青涩时代的赛莉漂亮、明媚，就像一团炙热的火，A先生当即被赛莉深深吸引。后来他们成为很要好的朋友。

赛莉十分信任Ａ先生，愿意和他分享自己的心情和生活。然而，这一切在Ａ先生眼中似乎有些不同，他一直觉得赛莉对自己除了友情，还有爱情。

因此，当赛莉遇到挚爱时，Ａ先生如临大敌，愈发关怀赛莉的生活起居，这给赛莉的爱情带来了很大困扰。后来赛莉结了婚，但Ａ先生并没有放弃赛莉，他始终以"朋友"这个安全标签，关心、呵护着赛莉。

到了最后，赛莉的老公终于忍无可忍，结束了这段"纠葛三个人"的婚姻。而赛莉在明白Ａ先生才是伤害自己婚姻的始作俑者后，也放弃了这段多年的友情。

当亲密关系到一定程度，便没有"清者自清"的说法了。就连金岳霖、林徽因与梁思成这样卓越优秀的人物，还曾为同样的事而困扰，更别说活在俗世里的平凡男女。

爱情是件自私的事，它只属于两个人，如果硬生生安进另一个人，这段感情将很难维持。要知道，贪心的人，永远没有得到满足的时候。

所以，一般来说，女人与男人之间是无法做到君子之交的。如果你坚信自己能拥有这种友谊，只能说明你比较贪心。

但是，你要明白，贪婪的结果一定是失去，原本你想拥有来自两个人的关心，最后很可能"偷鸡不成蚀把米"，爱情和友情都将付诸东流。

因此，请你不要存在侥幸心理，更不要妄想获得一份纯洁无瑕的异性友谊。你需要告诫自己：有时候，不要太贪心，爱情如是，友情抑如是。

别去臆测你的婚姻和感情

女人是善于怀疑的动物，因无端的猜忌，有时候能将自己手里的幸福一片片撕碎。

所谓的"你已不像从前那般爱我"这样的臆测，往往在男人极度的不耐烦之下变成现实。

优优和桐桐相爱多年，两人打算过完年就去民政局登记。

春节前，公司调派桐桐到外地出差洽谈业务，如果能拿下这个订单，年后他就会升职。于是，那段时间桐桐常常忙于业务，所以忽略了优优。

一直以来，优优都缺乏安全感，因为桐桐实在是太优秀了——他有帅气的相貌，聪明的头脑，公司不少女同事都对他芳心暗许。所以，优优很害怕桐桐会移情别恋。

这天，桐桐正在忙着整理客户资料，优优正好打来电话。桐桐问候了优优几句，便说："我现在工作很忙，等不忙的时候我再打电话给你吧。"

正说着，一旁的女同事喊桐桐来拿资料。于是，桐桐匆匆挂断电话，和同事加入到工作阵营。

凑巧的是，女同事的声音正好被优优听见，她想让桐桐给自己一个解释，可他怎么也不接她的电话。于是，优优认定，出差工作是假，和其他女人在一起才是真。

接下来的几天里，优优赌气般地拉黑了桐桐的所有联系方式。可就在这天，优优突然接到一个电话，告诉她桐桐发生了交通意外。

优优赶到医院时，桐桐的亲人正哭作一团。看着桐桐的遗体被推出手术室的瞬间，优优昏厥在地。

事后，桐桐的同事告诉她，自从优优不理桐桐后，他就有些魂不守舍的。一结束手上的工作，就搭飞机回来了，可就在他开车去优优家的路上，因为睡眠不足导致发生了车祸，结果车毁人亡。

正是优优的臆测，谋杀了她的爱人。

有句话叫作"用人不疑，疑人不用"，这句话对爱情也同样适用，叫作"爱人不疑，疑人不爱"。真的爱这个人，既然选择了对方，就没必要总是感觉不安，浪费宝贵的时间去质疑对方的各种行为。这样的爱情，未免太过心机，使人心累。

我的一个朋友，或许是患了爱情臆想症，总是喜欢质问她的老公："要是重来一次，你还会不会选我？"不然就是问，"你会爱我到多久？"

男人大概都不喜欢面对这样的质疑，他们一向是讲求实际的物种——既然当初选择和你结婚，就已经把未来的幸福和生杀大权都交到了你的手上，所以，实在没必要再去加上"莫须有"的一些言论。

而我这个朋友的想法就奇怪在，每当她的老公不回答，或者回答不够及时时，她就在一旁开始喋喋不休地自我否定，一会儿说"你一定是嫌弃我，所以不回答"；一会儿说"你已经不爱我了，我当初真是瞎了眼"。

渐渐地，她的老公不再认真安慰她受伤的心灵，反而每次一碰到这个问题，就逃之夭夭，关上房门去做别的事情。

可以想象，长此以往，这种不舒服的情感体验，会让他们彼此之间越来越远。

或许，正如罗大佑唱的："你曾经对我说，你永远爱着我，爱情这东西我明白，但永远是什么？姑娘你别哭泣，我俩还在一起，今天的欢乐，将是明天创痛的回忆……"女人对于爱情的占有欲更强，所以她们不但要现在，还要未来。

但聪明的人都知道，爱情是活在当下的，没人知道永远到底在哪里，是什么。

就算爱情无法真的天长地久，但起码两个人相爱的一瞬间，爱情是存在的、真实的，可以被感受到的——男人天生有浪子情怀，女人总想做他一世的港湾。

当然，不去臆测的爱情，也并不代表就一定能够走到最后，像张爱玲对胡兰成从来不去质疑，但他们的爱情之花竟也很快就凋零。但至少，张爱玲在爱情里是聪慧的，她明白爱一个人，很多时候无关自己的私心，尤其是，自己的爱不能死在自己的手里。

我们可以不信男人会情有独钟，可以不信会白头偕老，也可以不信婚姻，但一定要相信自己：相信自己的爱情，不要去臆测，不要去怀疑，不要试图考验人性——要知道，无论多么真挚的感情都经不起怀疑。

第七章　因为懂得，所以慈悲

要记住：这世上没有百看不厌的花，没有长存不败的爱情。

所以，当你拥有爱情的时候、当你正处在花季的时候，就请你多一份珍惜，在一切的美好消逝前，牢牢地把握住你所拥有的每个瞬间，纵情绽放。

应该世俗一点

如果能给女人选择，随便她们按照自己的意愿去做仙女或是魔女——也许，大概会有半数以上的女孩子愿意做一个能颠倒众生的魔女，就像玫瑰花一样，红得世俗，却被所有人追逐。

张爱玲，那样一个清高孤傲的女子，却恰恰对世俗生活充满了无尽的兴趣。

她在《公寓生活记趣》里说："我喜欢听市声。"在文中，她对一个城市拥挤的人群，包括开电梯的小工都是一片热爱。她喜欢看人家怎样做饭，怎样煲汤，用鼻子告诉自己谁家又在煨牛肉汤。

这些拥挤、热闹、繁杂的事情都是这样，冒着热腾腾的人气，是清高孤傲的张爱玲所最喜欢的。

女人其实应该在生活中世俗一点的，这样才能显示出一点点儿的可爱，显出真情。像张爱玲在《更衣记》末尾写道：一个小孩子，在收了摊的小菜场，满地的垃圾里面，骑了自行车，撒开把手，很灵活地掠过了。

她这样说："人生最可爱的当儿便在那一撒手吧？"就是在这轻盈的一掠之中，有了小小的冒险，却终是安全的，便小小地得意着。这些得意便是产生于这些世俗的生活，人生多半的生命也是在世俗里度过的。

在世人眼中，张爱玲是个冷傲、孤独的女子，可在我眼中，她亦是个世俗的女子，反而更加惹人怜爱。她在散文《道路以目》这样描写街景："人行道上常有人蹲着生小火炉，扇出滚滚的白烟。我喜欢在那个烟里走过。"

在俗世里生活的张爱玲，常常能在这样冷冷的场合下，找寻到那点温情——在她眼前过了一个绿衣邮差骑车载着他的老母亲，她都会感动得落泪。

在张爱玲的眼里，这种细节有着结实的生计，和一些放低了期望的兴致。

她还写自己上街买菜，遇到封锁，只得停留在封锁线以外的街道上。有一个女用人想冲过防线，叫道："不早了呀！放我回去烧饭吧！"然后，"众人全都哈哈笑了"。

在女用人的世界里，不能误了做饭的时间，是她对整个世界唯一的理解。这是世俗的，也是真实的。

张爱玲之所以喜欢这份世俗，就是喜欢这份真。

在她的小说里，扮演角色的多是些世俗之人——市民。那些女人也不是什么孤傲的仙女，她们很世俗的，只想给自己找一个安稳的家，给自己找一份厚实的生活保障，没有什么大的爱国爱民的理想，她们就是生活在自己小天地里的世俗小女人。

可是，这些小女人却都是叫人喜欢的，哪怕是那个比较让人恨的七巧，有时候也是很可爱的——你可以看出她所有的心机，无非是为了金钱。

在金钱面前，爱情都是假的。

世俗生活在曹七巧面前好像是最大的，其实，这也是大多世俗女人所想的——找一个差不多的男子，生个孩子，操持着衣裳和饭食，这些便是生活的全部。其他的，对于她们来说，全都是缥缈而看不见的。

她们的影子，你随时可以在这个世界上找到，因为我们生活的这个世界，本身就是世俗的。

《花凋》里那家的女儿们，不过是当时普通的上海小姐，俗气市侩。"小姐们穿不起丝质的新式衬衫，布褂子又嫌累赘，索性穿一件空心的棉袍夹袍。几个月之后，脱下来塞在箱子里，第二年生了霉，另做新的。"父亲也是世俗的上海男人，轻佻又不负责任，无能且又无味。

张爱玲小说里的人，是很俗气的，但张爱玲本人的世俗气却在那虚无的照耀之下，变得艺术了——她的世俗后面没有背景。

张爱玲将自己的人生观放在了两个极端之上，一头是现时现刻中的具体可感，另一头则是人生奈何的虚无。在此之间，其实还有着漫长的过程，就是现实的理想与争取。

其实，张爱玲就如那在菜场脏地上骑车的小孩，"放松了扶手，摇摆着，轻轻地掠过"。这一"掠过"，自然是轻松的了。当她略一眺望到人生的虚无，便回缩到俗世之中，而终于放过了人生更宽阔和深厚的蕴含。

从世俗的细致描绘，直接跳入到一个苍茫的结论，到底是简单了。于是，很容易地，又回落到了低俗无聊之中。

这到底还是个世俗的社会，没有人能逃脱。其实也不必去逃脱，世俗一点儿也许还是好事呢——女人在世俗的时候，也许会更加可爱和真切。

气短情长小女人

在爱情的世界里，女人好像总是那卑微的一方。根据专家研究得出的结果是：女人之所以会如此，是因为其本身就是一个感性的动物，她所有的感官里都住着感性，不得不将自己变成感情的奴仆。

男人一般不会这样，原因没有人知道。只知道，女人的感性是天生的，男人的理智同样也是天生的。

因此，他们各自承受着各自的天性，慢慢地在爱情中煎熬，没有一个制衡的点，也便没有平衡，永远都是一个上、一个下，像跷跷板的游戏。能上去的，唯一可能便是那个装满爱的心，越多爱越轻；爱多久，便在跷跷板的下面待多久。

所以，爱情没有例外。无论是哪个爱情，里面都有一方卑微，只是分量和对象不一样。

女人总是比较多爱，也比较容易爱——一个女人被感动了去爱，受委屈了去爱，无奈了也去爱，用不一样的形式拴住那相同的心。

一个女人如果爱上了一个男人，无论原因是什么，只要开始爱了，开始在乎这个人，这个女人就变得比较容易妥协——她不是对那个男人妥协，而是对自己的爱妥协。

女人总强调要尊重自己的感觉，这个感觉也就给女人套上了卑微的枷锁，让女人在爱的世界里，有进无出。一如张爱玲对胡兰成。

当然，也有对等的爱情。

在对等的爱情当中，这种对爱的卑微也是对等的。由于男女双方都甘愿臣服于自己的爱情中，都去努力地付出，所以，卑微也就在这种努力中消失了。

可惜的是，在现实生活中，这种对等的爱情却几乎不存在，比传说中等待千年雪莲开花还困难。雪莲即使再难等，也能确定它是真实存在的，是可以等到的。而对等的爱情，却没有听说过出现的痕迹，以及如何等下去。

即使真的去等了，也会发现在等的过程中，你无意中已经爱得更多，付出得也更多。然后，你开始意识到自己的卑微，直到自觉放弃对对等爱情的等待。

而世间的爱情中，女人总是容易去等。因为，几乎所有的人都确定，女人的幸福是要靠一个男人维系，一个女人只有碰到了一个喜欢她的男人，才是最幸福和可以被炫耀的。

而这个女人如果一旦碰到喜欢她的男人，也会因为这份可以被炫耀的资格和心底的那份欣喜而变得气短情长起来。她的喜怒哀乐从此交给了这个男人，男人但凡稍微给她一点儿好处，她都会很开心。

而男人在无意中给她的一个表情，女人也会将这个表情拾起来细细思量，也许会懊恼，也许会掉眼泪，也许会开心——总归，那个表情好像就是女人全部的生命一样，让她无比珍视。

因为，她想要取悦的就是这个男子。

正如张爱玲所说:"有美的身体,以身体悦人;有美的思想,以思想悦人。"可见,即使孤独如张爱玲亦不能免俗。

只是文章再好,不过悦的是他人。在一篇散文中,张爱玲写下了这样一段文字:"冬天她第一次穿皮袄,摸着里面柔滑的皮,自己觉得像只狗,偶尔碰到鼻尖,也是冰凉凉的,像狗。"

在这段寻常文字的背后,流露出张爱玲欢喜的心情,她如其他小女子一般,对自己得到的这份礼物不胜欢喜。

为什么孤芳自赏的张爱玲变得温存起来?胡兰成在《今生今世》里给出了答案:张爱玲不同于一般女子,她的版税颇高,经济独立。所以胡兰成不需要给予她经济帮助。

不过,胡兰成还是给她一点儿钱,张爱玲便拿这钱做了一件皮袍,欢喜不已。

一件皮袍罢了,又不是贵重的东西,张爱玲为何会如此欢喜呢?

张爱玲虽出身名门,可她的童年并不十分幸运,甚至充满了阴暗。她的父母不曾像一般父母,温柔地给她绾发髻,耐心地教她礼仪,在她跌倒后给她拍净身上的土,轻轻地把她揽在怀里……父母亲的淡漠,使张爱玲穿上冷淡和独立的外衣,但她的心始终是向往温暖的。

于她而言,那件皮袄不单是件温暖的衣裳,而是胡兰成对她的关怀和惦念。如此,她便觉得欢喜。

张爱玲在给胡兰成的信中说:"我想过,你将来就是在我这里来来去去亦可以。"

她不渴望与胡兰成能结为连理夫妻,却是愿意与他耳鬓厮磨,在人前静静看他,吃他的饭、穿他的衣,与世俗的小女子毫无分别。因此,当张爱玲下笔时,忍不住想要告诉所有人:"有他惦念,我是多么欢喜。"

买下那件皮袄后,张爱玲曾对好朋友说:"爱一个人爱到问他要零花钱的程度,是一个严格的检验。"言语间满是甜蜜。

可惜的是,胡兰成只能给她一些小礼物,却不能给她全部的爱情。

纵使张爱玲嘴上不说,她心里也是渴望"岁月静好,现世安稳"的。女子便是如此,"纵被情郎无情弃,不能羞",当真是气短情长。

那么,什么样的女人才是大女人呢?记得以前看《戏说乾隆》时,总忘不了四爷和程淮秀的故事。

四爷是未来注定要登基的天子,而程淮秀是江南盐帮的女主人。偶尔的一次机缘,这身份悬殊的两人相爱了。四爷想要带程淮秀回京城,一起过神仙眷侣的生活,可程淮秀放不下江南盐帮的众弟兄。

最后,程淮秀婉拒了四爷的求爱,果决地留在属于她的南方小镇——谁能说这两人之间没有真爱呢?但是比起儿女情长,这个女子更加看重兄弟情义，看重自己肩头的道义和责任。

也正是因为四爷爱上的是这样一个女子，所以在离开多年以后，仍不能忘记她。可遗憾的是，在现实生活里，像程淮秀这样大气的女子，实在是太少了。

女人总是逃不脱男人的束缚，她们一辈子念的是男人、想的是男人、怨的也是男人。找到了自己喜欢的男人，便也就"低低的，低到尘埃里去"，没有了半点儿的尊严。

面对男人，女人真是"气短""情长"，愤怒也只是当下的一会儿，过后仍然是绵长的思念和感情。

女人天生多情，任谁也是逃不过的呀！

会心的微笑

著名画作《蒙娜丽莎的微笑》，让人沉迷了几个世纪。

蒙娜丽莎笑得不但美，而且笑得很有韵味，甜中还透露出那么一丝温暖。

尽管我们如此沉迷，却总也无法追问她为什么笑，她在笑什么……蒙娜丽莎的笑，其实是一种会心的微笑，只能心领神会，非文字词句所能表达。

在爱情中的女子，是千姿百态的。不过，那些善于微笑的女子总能很容易地抓到男人的心。

每个女人都有迷住男人的微笑，而每个男人都有发现属于自己微笑的眼睛，哪怕苍凉如张爱玲。不过可惜的是，张爱玲唯一会心的微笑，被胡兰成那样的男人毁灭了。

张爱玲初见胡兰成时，就低低地隐藏了自己的笑，只用那话语组织起来的生活琐事代替那心跳的声音。纵使如此将自己降低到尘埃里去，还是挡不住爱情的降临。

当她第一次用灿烂的微笑面对爱情的时候，胡兰成高兴地接了过去，并且两人笑谈天地，指月拈花。

这样一段感情，却还是被时间冲淡了。

在那个动荡的岁月，爱情也随之漂泊起来。胡兰成本是一个多情公子，他忙着去迎接一个又一个新的笑容，完全忘记了最初那个灿烂笑容的样子。

当张爱玲拼尽最后的力气，用最后一丝微笑去挽救自己视为生命的爱情时，胡兰成却抚摸着新的笑容，冷漠地转过头。

当胡兰成在对新欢抱怨自己的身体状况的时候，张爱玲知道，这个男人是真的离她而去了。

然而，即使是这样，她依然将那最后一丝强挤出来的微笑，在嘴角存了好久好久都不愿意离去。因为她知道，在自己转身的那一刻，她的微笑将永远离开她的生命。

女人的微笑，是回馈给爱情的珍贵礼物。只可惜在这个世界上，并不是所有的男人都能理解，并且像珍惜自己的生命一样去呵护它。

因而，遇到理解并懂得珍惜的人，是幸福的。

有这样一对夫妻，男人因儿时贪玩，不小心用弹弓误伤了眼睛，失去了一半光明的世界。为此，他开始变得闷闷不乐，生命也充满了黑暗与孤独，直到他遇到那个女人。

女人遗传了父亲哑巴的基因，天生不会说话。在陌生人眼中，他们的结合无疑是不圆满的，因此很多人不能理解，为什么男人的脸上总是洋溢出幸福的感觉。

他们不知道的是，女人会用表情说话，她能够带给男人很久不曾有过的快乐——她跳舞给他看；在他的手掌心写下对幸福的渴望；每天都会给他一个迷人的微笑，甚至连睡着的时候，她的脸上都有一抹温暖的笑意。

久而久之，男人被这会心的微笑打动了，他开始对生活充满希望，渴望用自己的一双手去给女人创造一个温馨的港湾。

可由于后天的残疾，他终没能找到合适的工作。一天天过去，男人变得很焦虑，脾气也大起来。

女人看出男人的心思，她很为他心疼。

此时此刻，她多想趴在他的耳边轻声抚慰："亲爱的，你不要忧伤，不要彷徨，老天对我们是眷顾的，我相信你一定能行。"

可她是个哑巴，她努力了好久一个音节都发不出来。于是，她尽量保持嘴角上扬，对他挤出一个安慰的微笑。

果然，这种快乐是可以传递的，并且成功地传递给了他。

因为女人的微笑，男人感受到了温暖，逐渐对未来的生活有了信心。没过多久，因为他的勤劳，果然找到了一份维持生计的工作。

微笑的力量是强大的。

几乎所有的男人都会被女人的微笑吸引，因为微笑是有说明的，这种心理暗示就是：她能宽容我，愿意接受我，支持我。

这样的微笑，让男人舒心——不管在什么场合下，只要女人能为了自己而微笑，那么，这个男人的面子也就有了。

微笑是人类一种高尚的表情，是生活里明亮的灯光；同时，微笑也是一个女人最棒的化妆品。试想一下，大概没有人会喜欢一个整天愁眉苦脸的女子，那样的女人，即便妆容再精致，也不容易得到异性的垂青。

张爱玲这样孤绝的女子，倘若能够多笑笑，可能胡兰成也不会那么快就从她的生命里消失吧。

烦恼的时候，也请多笑笑。当你面对心爱的男人，更要保持得体的微笑。要知道，微笑有时候就是女人在男人世界里的通行证，没有人不喜欢笑如春风的女人。

门当户对

爱情也许可以只计较两个人之间是否有感情存在，而婚姻却一定要重视门当户对。只有门当户对，婚姻才有可能维持得更长久。

婚姻里应该是平等的两个人，而不应该有施者的心态和受者的谦卑。

因此，面对爱情的时候可以不理智，可以任性——可是面对婚姻，一定要谨慎，也一定要小心，给自己的婚姻找个可以长期存在的基础。

门当户对，是婚姻稳固持久的主要因素。

在《金锁记》中，虽然只是七巧一人嫁入姜家做了二奶奶，可家里的人总会隔三岔五地过去叨扰一下，向七巧的婆家抱怨日子难熬，好像他们是随着七巧一起嫁了过去。

七巧自然得好好应付，毕竟是自己的家人。可问题也随着出现：由于两家的地位悬殊太大，就连小丫鬟也敢在私下讨论"二奶奶的娘家人"如何如何……这便是婚姻需要"门当户对"的原因。

结婚并不只是两个人的事，而是三个家庭的事，还涉及到朋友、亲戚等，所以，婚姻是一个复杂的社会关系的总和。

结婚要门当户对，这个门当户对并不是指两家的经济基础，而是一个生活环境的大致相同和比较相近的生活价值观。

其实，在古代社会，人们就已经看出了门当户对对婚姻的重要性，只是当时思想的定位过于狭隘，仅仅限于在金钱上。俗话说"贫贱夫妻百事哀"，所以，他们在婚姻上一向非常重视经济基础。

男女婚姻讲究门当户对，是中国传统遗风里有关男婚女嫁的文化思考定式。这种定式，在主流上秉承着古人对"郎才女貌"的道统褒扬。

拿张爱玲早年栖身的上海来说，这是一座经济比较发达的城市，也是最看重门当户对的一个地区。严重到如果出现不是门当户对的婚姻，所有人都会鄙视甚至拒绝参加婚宴，用上海本地人的话说就是："啧啧……这种门不当户不对的喜酒，肯定是没人去喝的哩！他不要这张脸面，朋友还要这脸面呢！"

对此，上海人有自己的解释，"门当户对"恰恰体现了人口高素质前提下婚姻的平等关系。

当然，这种平等也不是绝对的。最能让人接受的是，男人的条件总要比女人略强一些，但女人的条件也不能太差，否则婚姻肯定是要出问题的。

在一切被人认同为"般配"的婚姻中，大抵是男人处于"上只角"，而女人处于"下只角"。如果这两只"角"出现换位，那必定会阴阳倒挂、乾坤难卜了——上海人的弄堂里就会传出"一朵鲜花插到牛粪上"的议论，个个都认为女孩子不值得，个个都会认为男人占了便宜。

如果情况相反，是一个上海男人娶了个外地户口的老婆，那就更不得了啦——

先是婆家亲友一开始就看不起新娘子，可想而知，那刚过门的媳妇也必然会在众人前矮半截；其次是觉得这个女人必定是靠色相迷惑了男人，否则，这个上海男人断然不会蒙了心，娶个门不当户不对的新娘子。日后，恐怕这个新娘子提到娘家都会被人轻视。

而门不当户不对，亦是张爱玲与胡兰成婚姻失败的重要原因。虽然两个人都颇有文采，但因自小家庭环境过于迥异，他们的眼界和心胸是不同的——

张爱玲出生在钟鸣鼎食之家,虽那时已走向没落,但大格局是见过的;而胡兰成来自浙江绍兴乡下的一个小村庄,父母都是没什么本事的普通人,眼界自然窄了许多。

来到繁华的大都市上海,胡兰成一心想要靠笔杆子的功力闯出个名堂,却发现外面的世界太大,牛人很多,最终为了实现自己狭隘的"荣耀",走上一条万人唾弃的道路。

"卿本佳人,奈何做贼",可谓是对他极贴切的形容。

而张爱玲呢,她冷眼看繁华,不爱理会世外的诸多变化,遇到胡兰成后,只一心渴望能有个温暖的家。从这点可以看出,两个人对世界、对人生的基本诉求是不同的。因此,就算胡兰成不花心,他们也过不到一起去。

如今,女人的地位已经上升了很多,却很诧异地出现了"剩女不剩男"的怪现象,而那些所"剩"下来的大龄女,绝大部分各方面的条件都是相当棒的。为什么她们会变成这样?

一句话,她们没能找到"般配"的异性。

宁愿成为大龄女也要选择门当户对的婚姻,这真的不知道是不是一种悲哀。但我们需要知道:门当户对是婚姻的条件,却不是必要条件。

我们需要一个门当户对的婚姻,但却不需要一个为了获得门当户对的婚姻而选择蹉跎的人生。

没有百看不厌的花

古往今来,常把花比作女子:有的女子幽香如玫瑰,有的女子淡雅如丁香,有的女子清芳如百合,有的女子娇俏如芍药,有的女子清冷如秋菊。

每朵花都是独一无二的,拥有独特的魅力吸引着别人的注意。然而,花却忽视了一个至关重要的问题,那便是人的本性。

人一向都是喜新厌旧的,今天你喜欢火热的玫瑰,明日瞧见娇俏的芍药,便会把玫瑰抛之脑后。

人对花如是,男人对女人亦如是。世间没有百看不厌的花,同样,没有永远散发魅力的女人,即使是令人称奇的张爱玲。

京剧《卖水》中唱道:"这一年四季十二月,听我表表十月花名。"可见,这花也是有"保质期"的。

不同种类的花,绽放的季节亦不相同,时过境迁后,即使曾经的美好也会变成不堪入眼的枯木——诚如张爱玲对胡成兰绝望后,说的那句话一样:"我将只是萎谢了。"

常言道,花一样的年纪,那便是女子一生中最绚烂、散发光芒的时光。当过了这个年纪,女子的独特魅力以及她的保质期,都将渐渐萎谢,最终如那过时季节的花,只剩下枯枝罢了。

女人与女人之间的不同,只在于婚姻里有些爱情是让人缅怀的,而有些是让人忘记的,更有些是被人痛恨的。

几乎所有的女人都明白这个道理,所以,懂得去维系自己灿烂的青春。爱情在转瞬间消失,于是寄希望于婚姻,渴望有个男人能为自己的美丽买单,终身占有、欣赏。

第三者的介入,大抵因为厌烦了身边人才有了正当的借口,好像披上这样一件神圣的外衣,别人就没有了指责的可能性。

那些咒骂出轨的人,可能也有一部分会为女人的不争气而惋惜——"为什么你不把自己打扮得漂亮一点儿?""为什么老伸手向男人要钱,你自己不会挣吗?"生活里,我们常常能听到这样的指责。而对于被出轨者,她或许太自信,以为自己是那朵常开不败的花朵,可以让男人永远迷恋下去。

其实,世界上哪有什么百看不厌的花。四季的花各不相同,人们几乎轮流着看都会厌烦,何况只看一种、只看一朵呢?

一个女人,辉煌灿烂的也不过就是那几年,一个人的感情最热烈的也不过那一瞬间,剩下的时间,都是在平淡和不耐烦的情绪中渐渐流逝。

男人今天可以厌烦了他的原配、厌烦了他的家庭，那么，明天同样也会厌烦了第三者，厌烦了第三者给的婚外家庭。男人就是这样习惯了厌烦，女人又何必执着地去讨要那个不可能存在的永恒？

做女人，就要做一个精致的、惹男人追逐的女人。虽然不奢望做一朵百看不厌的花，但也应该努力去做一朵能够持续被人欣赏的花。

要达到这样的效果，就得向精品发展。一个精致的女人除了美貌，还要有灵魂，否则便会沦为花瓶。如果外在美能够使女人光芒万丈，那么，内在美就能够使一个女人魅力四射。

有品位的女人就如一本百看不厌的书，而一个庸俗的女人，自恋地以为自己就是男人的唯一，却不料被男人翻阅一遍后，没准就会被随手丢弃掉。

在青春靓丽的时候，所有的女人都是一朵芳香诱人的花朵，但千万记得，这花是有期限的，待到凋零，悔之已晚。而想要保证花常开不败，除了要依靠外表上的装扮，更要依靠对内在的打磨。这样，你便常开常新，永远保持着一种与众不同的魅力。

要记住：这世上没有百看不厌的花，没有长存不败的爱情。

所以，当你拥有爱情的时候、当你正处在花季的时候，就请你多一份珍惜——在一切的美好消逝前，牢牢地把握住你所拥有的每个瞬间，纵情绽放。

第八章　在别人的故事里流自己的眼泪

回忆永远是惆怅的。

愉快的,使人觉得可惜已经完了;不愉快的,想起来还是伤心。最可喜莫如"克服困难",每次想起来都重新庆幸。

给自己备片止痛片

去爱，就注定会疼痛，但人总要学会找回自己，聪明的女孩子应该学会给自己备足可以镇痛的阿司匹林。也许，它是每个女孩子抽屉里最应准备的药物。

其实，哪一个人在人生坎坷的路途上没有过颠簸？哪一个人不曾憧憬那神圣、自由的快乐境界？哪一个女孩子没幻想过能有双爱的水晶鞋？

不过人生的路途就是这样，会充满惊喜、也会充满困惑，更会充满痛苦。那些爱的鸿沟总是如影随影，轻易就拨乱人心。

痛苦来自于对现实的失望。爱情不会一路甜蜜，就像你吃一块世界上最甜的糖，甜甜的口感之后便会迎来那么一丝苦涩。

爱情最初都是甜蜜的，但随着两个人相处的时间增长，爱的世界也将呈现出更多的味道——有时是性格不合的苦涩，有时是爱而不得的辛酸。

可以说，没有任何一段爱情是真的一帆风顺的，况且更有甚者，爱着爱着就不爱了——说要一起走完一生，却在中途就说了再见。

相较于男人来说，女人似乎更加不能承受在爱情里所遭遇的创伤。因此，如何治疗疼痛，是每个女人都将面临的问题。

女人一般都不会把爱说出口，因此被伤害的时候，也总是说不出悲哀来，只任由那苦涩吞噬一颗心。

其实，每个人心里都有自己的阿司匹林，尽管形式不尽相同——有些人选择唱歌，有些人去喝酒，有些人哭、疯和闹，有些人关上房门自己静静燃烧……

不管怎样的方式，都是为了治愈受伤的心，帮助自己早点儿从一段失去的感情中复苏。

在所有的"阿司匹林"中，时间总是最有疗效的那一个。不管多么痛的伤，只要有足够的时间，都能慢慢恢复过来。

张爱玲也是这样，她用时间忘记了那个曾让自己"低到尘埃里的"男人——提出分手后的半年，她就已经可以做到漠然地对待胡兰成的来信。只可惜，当时胡兰成仍以"小人之心，度君子之腹"，沾沾自喜地估计着自己的魅力。

胡兰成虽一生都在花丛中行走，却还是低估了女人的能力。

张爱玲的爱情，好似传奇一样被整个时代诉说着，但人们的眼睛只顾停留在她的伤痛上，却从不提及她的欢笑。

也许，失去胡兰成，张爱玲是很痛的，但她懂得，爱情中不是只有甜蜜，知道自己的止痛片是什么。

她既然能够说出"假使我不得不离开你，我也不至于去自杀，亦不会去爱，只是自将萎谢"这样的话，就说明在她心里，早已经将痛苦收拾了起来。

胡兰成像她不小心沾在身上的尘土，她小心翼翼地拍干净，依然袅袅婷婷地走下去——来得灿烂去得淡然，她是一个习惯自我疗伤的女子。虽然为了使伤口痊愈，她黯然地离开祖国大陆，漂洋过海将下半生的时光寄居在了异国他乡。

胡兰成喜欢用女人来点缀自己那平庸的生活。比如说，张爱玲曾给他来信，希望能看到他写的几本书，因为美国买不到。

这样的举动本没有什么意思，而胡兰成却认为这是张爱玲仍对自己痴心，于是连忙随书寄去一封连自己都会脸红的信，真可谓"老而不死是为贼"。而张爱玲呢，终究不为所动，用无声的沉默沉痛地回击了对方。

这让我想起那句至理名言："不爱一个人绝不会恨他，而是漠然。"任那边如何有想法，这边自岿然不动，不会有任何的表现。这才是不爱。

张爱玲，她是当之无愧的一代奇女子，而她苦心所系的爱情和婚姻，只是胡兰成众香国中的一枝；她的满清贵族小调，不过是胡兰成仙乐飘飘中一段比较独特的插曲。

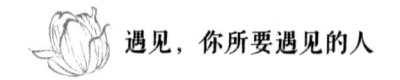

她以为胡兰成待她不同旁人，却不曾想到"岁月静好，现世安稳"的承诺，不过是说说而已。

她一生的美好，都赋予胡兰成一个人，可她渴望的生活终究是萎谢了。于是，她只能把自己的怨艾点点滴滴洒尽在文学作品里，在别人的故事里流着自己的泪，一点儿一点儿医好那疼痛的灼伤。

蔷薇与荆棘

婚姻是多变的，每个人对它的理解都不一样：你可以认为它铺满了蔷薇，也可以认为它到处都是荆棘。

不过，不管是什么，只要踏上了这条路，你就得乖乖地把它走完。中途退场的，都是些没责任感的——既然选择了在一起，就有义务共同使它圆满。倘若实在过不下去了，也应好聚好散，别像个仇人似的，互相咒骂，甚至殴打，恨不能把全部力气都使在对方身上。

有人说，张爱玲的婚姻就是一条布满荆棘的路。

在这段婚姻里，张爱玲只收获了少量的欢乐，却付出了沉痛的代价——她的韶华，她的才情，都被这段婚姻嚣张地吞噬掉，甚至她为人所称赞的清冷孤傲，也一并没有了。

但"子非鱼焉知鱼之乐"，我们又怎能知道，如果可以再做一次选择，张爱玲还愿不愿意遇见胡兰成呢？

张爱玲首先是一个人，一个普通的女人，其次才有那些传奇色彩。而她作为人的诉求，与你、与我、与这芸芸众生的任何一个，并没什么不同，那就是非常真诚地渴望着能够获得别人的一份爱——对于女人来说，自然就是异性所给的一份关怀。

正是在她万般渴望这些东西的时候，胡兰成出现了。于是，他不可抗拒地填补了她心上的那个空缺，使她感觉自己是完整的。尽管这是一种错觉。

想必读到这里，你也能够看出来：对于女人来说，她所选择的婚姻是蔷薇还是荆棘，很大一部分取决于她所选择的那个男人的态度。

比如，胡兰成给予张爱玲的婚姻是布满荆棘的，而在美国遇到的赖雅却给了张爱玲一个家。

这个家是张爱玲一生最向往的，也是最珍贵的。赖雅给了，张爱玲接受了，这便是一种幸福。

这种幸福的香气不是人人都能闻到，而是要用心去体味的。

也可以说，婚姻这条路，就是布满了蔷薇，处处散发着迷人的香气。

张爱玲和赖雅在相濡以沫、平淡琐碎的夫妻生活中，感悟到了生活朴实的质地，使自己仿佛是从虚浮缥缈的云层回归了坚实的大地，她游移的、漂泊的情感终于停靠在一个宁静的港湾。她终于可以和一个人说着"死生契阔，与子成说；执子之手，与子偕老"的话。

她可以和赖雅在秋日的黄昏，踏着满是落叶的小径，静静谛听大自然季候变迁的旋律，感受静谧而安详的时光；也可以去附近便宜的庭院摊"捞宝"，布置温馨的家，有一种"春燕筑巢"般的融融暖意；闲暇之时，好书共赏，佳作相析，更有惺惺相惜之情……不管窗外是多么大的狂风暴雨，小屋里永远是温暖的春天。

只不过，生活的残酷在削弱着这份幸福，那就是赖雅的身体很快虚弱起来，甚至后来一度拖累到张爱玲，令她不得不为了生计疲于奔波，连累了才华急速凋零，使面容亦很快苍老。

但是，张爱玲始终没有离开，而是真的履行着一个妻子的责任，陪他走到生命的尽头。

至于她为何不选择离开的原因，或许与上一段婚姻有着不可分割的关系。她太懂得，在这苍茫的人世间，能够找到一个陪伴到老的男子有多不易。

人心易变，对于一段婚姻来说，三五年或许不成问题，可要真的讲到一生一世，那必须拿出些勇气和毅力。

她又是经过被背叛的人，了解被动地离开是怎样一种难过。前一段感情已满目疮痍，使人心惊，后遇见赖雅，才又稍微感知到一些人情的温暖，所以断然不会主动选择离开。

另一方面，美国毕竟不是她的故乡，作为一个远来的游子，终归想要落叶归根，年长的她不可能不思念自己的故乡——和赖雅在一起，不管怎样，情感上也算有所依附，人原本就是社会性动物。

归根结底，张爱玲像普通的世俗女子一样，需要一个家，需要异性的关怀。她渴望的婚姻，同样是布满了蔷薇的馨香，而非荆棘的坎坷。

大多数时候，人们将婚姻想象成蔷薇一样美好，因为他们是带着一份爱步入婚姻殿堂的。

但维持婚姻又实在不是一件简单的事，时间久了，相爱的人难免生厌，会争吵、会对立。吵着闹着，蔷薇的香气散了，眼前会是荆棘的绿。

其实，说起来这大部分都是一些生活中的小事，小到完全可以忽略不计。但很多时候，夫妻双方却再也难以像恋爱时那么愿意迁就对方，用包容的胸怀去理解和接纳对方。

爱情是美好的，可婚姻生活却是琐碎的。

为柴米油盐奔波的过程中，夫妻之间需要更多的容忍与体谅。忙碌的生活，早已令我们拿出所有精力却还难以应对，倘若发生摩擦不去包容，这压力就是压死骆驼的最后一根稻草。

　　你显然见过不少这样的实例，拆散很多夫妻令其走上离婚道路的，并非大仇大怨，却不外乎是一些生活中的小事。有时仅仅只是两人的生活习性存在差异，不去包容和理解，亦能把小问题变成大问题，引发双方激烈争吵，闹得家庭鸡犬不宁。

　　正如歌里所唱："相爱没有那么容易，每个人都有他的脾气，过了爱做梦的年纪，轰轰烈烈不如平静……"

　　婚姻可以走到最后，靠的不一定是最初那般炽热，而是双方彼此愿意包容、理解对方，愿意牺牲一点儿自私的欲望，去成全和呵护对方。

　　经过时间的洗礼，我们都能明白：想要一段蔷薇一般美好的婚姻，不是靠想象，而是要靠行动的，选择了好的生活方式才能造就好的婚姻。

　　如果，只是要了婚姻，却舍不得对自己的生活方式做出一些调整甚至是让步，那么，即使是相爱的两个人，最终也一定会走上分手的道路。

　　但你完全不必害怕：你的婚姻是蔷薇还是荆棘，只能由自己决定。

不要奢求永恒

小孩子都喜欢看"变脸"的戏剧，因为他们不知道台上的那些人是怎么在一眨眼的工夫，就变出一张新的脸，觉得那很神秘。

然而，那些好奇的孩子永远不知道的是，在生活中，人们的变脸速度远远比这个更快，但是却没有给人带来笑声。

张爱玲与胡兰成，这对曾经相见只有笑脸的人，在胡兰成背叛婚姻后，两人之间就再没了那股温暖的、可信任的气息交流。甚至，每次见到张爱玲，胡兰成都只有隐隐地生气。

爱情之路好像是个时常变脸的戏剧，让人应接不暇。比男人多了一份执着的女人更是不能适应这样的变化，总是希望能在爱情中实现永恒。"岁月静好，现世安稳"这样的承诺，不是张爱玲一个人想要的，是天下所有女人都祈求的。

每个女人都被自己编织的爱情光环所吸引，希望这个光环能永久地照耀着自己。但她们却不肯承认一个事实——男人的头上没有光环，她们注定从对方手里要不来任何东西。

背叛婚姻的胡兰成，日后见到张爱玲总是会生气——其实，他气的不是她对自己的黏，而是不肯承认自己对爱的卑鄙。

胡兰成心里非常清楚，张爱玲对自己的感情有多真挚，她那样一个旷世传奇的女子，虽称不上完美，却是全心全意在爱着自己。

正是这份小人与君子之间的悬殊，才令他只能将愤怒转嫁给对方，因为他知道自己的卑鄙，却不愿承认，甚至改正。

这一段错误的婚姻之所以会发生，有很多内在和外在的原因：其中之一，便是张爱玲那种渴慕飞扬的情怀、涉世未深的青涩、才子佳人的幻想，孕育了她对胡兰成旷古哀怨的恋情。

她用少女诗意的脉脉温情，编织了一个让自己迷醉的云雾缭绕的光环，戴在胡兰成的头顶。每每看到那光环的时候，她都有种激情飞扬的感觉——这正是她一直以来在不自觉中追求的。

在张爱玲的眼中，胡兰成的一举一动都是美好的，任何人都不能替代。她在随笔里写："他一个人坐在沙发上，房里有金粉金沙深埋的宁静，外面风雨琳琅，漫山遍野都是今天……"这种理想化的爱使自我变得越来越谦卑，对方则变得越来越高贵。

"见了他，她变得很低很低，低到尘埃里，她心里是欢喜的，从尘埃里开出花来。"在张爱玲的世界里，没有政治、没有主义，所以她不在乎胡兰成的个人身份；在她的世界里，甚至连道德观念也很淡薄，所以无所谓胡兰成是否有了妻子。

她所关注的，仅仅就是那种让她心醉神迷的、绚烂的、飞扬的状态，对于事业，对于爱情，皆是如此。经过不断地描摹着色，这份飞扬的爱看起来已是一座固若金汤的大厦，但它毕竟少了生命的底色——现世安稳。

张爱玲却在这份激扬中固执地追求着"现世安稳"，她希望的这份永恒，因为自己的痴迷而不可得。她甚至因为这份痴迷，而忘记去看胡兰成是不是能给她"安稳"，忘记去想胡兰成在开始就狡猾地剖析了自己的"没有离愁"和"多情"，任由胡兰成对她的爱一点点地遗忘，最后转嫁到别的女人身上。

这其中想必也有张爱玲自己的责任吧。她如果能像小护士周训德那么热衷对男人撒娇；如果可以不把自己的姿态绷得那么紧张，在他面前撒撒娇，使他知道自己也是个需要他全部爱的小女人，或许结局会来得缓和许多。

古人云："人心不同，各如其面。"意思是，人的内心世界各不相同，就好像他们的面貌各不相同一样。但凡涉及到爱情，男人变脸似乎变得更快。

聪明的女人从不去渴望地久天长，她们知道，爱情只是一瞬间的快感，男人的誓言，则如同天上的流云，瞬息万变。

除非你所遇见的人，也如你一般历经过人情冷暖，你们才可能有较为相近的价值观，才有可能对感情衍生相近的看法，才有可能一起携手走完这一生。

别去指望这个世界能有那些永远如一的脸，假使每一个人的脸都像是从一个模子里刻出来的——一律的浓眉大眼，一律的虎额龙隼，在排队检阅的时候固然甚为壮观整齐，但不便之处必定太多，那是不可想象的。

人的脸究竟是同中有异，异中存同，否则就不会有"世上只有36张脸"的说法了。

明白了世间这种"变脸"的游戏，那么请忘记永恒这件事。

你依从婚姻，他依从爱情

女人是一个感情的综合体，她不会去理智地思考自己的一生，只是按照自己的喜好安排着生活。为了那令人甜蜜的爱情，女人甚至不惜将自己的一生搭上。

对于女人，爱情有点儿像海洛因让人上瘾。她们不会轻易倾心于一个人，而一旦倾心，就要生生死死地脱一层皮，至死不渝。

胡兰成与张爱玲的婚姻是没有仪式的，只有简单的一纸婚书——对于胡兰成来说，不花一分钱，就得到这样一个传奇女子做老婆，想来也是他不懂珍惜的恶因。

婚后的张爱玲，依旧死心塌地地爱着他，甚至不愿结婚这件事为他带来丝毫的困扰，仍坚持他按照自己的喜好去生活。这样的依从爱情，而不愿意用婚姻去牵绊胡兰成，最终造成胡兰成对婚姻的背叛。

在他们婚后不到两年的时间，胡兰成先后与护士周训德、范秀美有染，甚至去信向张爱玲表达自己愿娶周训德为妻的打算。他以张爱玲的通透豁达为由，明目张胆地欺负她。

胡兰成始终依从着自己的爱情，从而忘记了与张爱玲之间的婚姻。

因此，当张爱玲去温州看他，他不喜反怒，抱怨她："夫妻患难相从，千里迢迢特为来看我，此是世人之事，但爱玲也这样，我只觉不宜。"他还固执地把张爱玲安排在火车站旁边的一个小旅馆里，白天陪她，晚上陪范秀美。

终于，张爱玲在依从爱情、没有用婚姻来牵绊胡兰成的同时，失去了自己的爱情。要知道，她亦只是一个平凡女子，当然也渴望他们的婚姻能起到一点儿约束作用，希望胡兰成能舍弃那些没婚约的女人，回到自己的身边。

然而，这却激怒了胡兰成，他认为她的不同应该在于——不该对他存有私心。他哪里懂得，爱着的时候，所有女人都一样自私。

张爱玲最终黯然离去。

半年后，胡兰成去上海看望张爱玲，仍不忘问她对自己写的那篇含有与周训德交往内容的《武汉记》印象如何，又谈起与范秀美的事，张爱玲都十分冷淡。当夜，二人分室而居。

第二天清晨，胡兰成去张爱玲的床前吻她，一吻终未再见。

又半年后，张爱玲写信给胡兰成，提出分手，而后真的再没回头。即使后来胡兰成写信给张爱玲的好友炎樱，流露挽留之意，张爱玲亦没有回信。

一种解释是，炎樱乃张爱玲的好友，自然站在她的一边，根本就没把信件给张爱玲看。但其实谁都知道，即便她接到那封信，也是不会看了。

"心字已成灰"，往事只好随风而逝。

相比较男人，女人总是在感情上更专注、更执着，这也决定了她们对婚姻的依从。女人总是情不自禁地走进幻影里，一边自我陶醉，一边给两人铸造一场美妙的梦境——她们喜欢在梦里种植爱情，一个梦醒了，再去做另一个。

然而，世俗生活必须有世俗的过法。男人女人对于婚姻看法的不同，造就了他们不同的做法和处理态度。

所有的女人对自己的婚姻都有一个完美的构想，就像所有的女人在恋爱的时候，都希望会遇到白马王子一样。

所以，当男人的眼光投向世界和女人时，女人看到的往往只是爱情和家庭。女人用生命经营爱情，再用爱情管理男人，男人的头上便有了一道美丽的金箍。

在女人的世界里，婚姻总是那般甜蜜温馨，让人陶醉。睡在喜欢的男人身边，清晨可以一起醒来、一起吃早餐、一起上班，甚至只是在菜市场偷一棵葱也会令女人生出甜蜜的感觉。

但男人不会如此，几乎很少有男人愿意早早地步入婚姻。男人是喜欢享受的动物，他们只喜欢享受女人的爱情，却绝对不愿意承担爱情的责任。而女人却固执地依附于婚姻，认为婚姻是自己的全部，丈夫就是天。

其实，在这个过程里，是女人把自己给拴死了，看不到一点儿希望的光。

同样，女人在失去爱情的时候，会选择嫁给婚姻，去藏起一颗蠢蠢欲动的心，认真守护一个家；而男人则不会，连爱情都不能百分百使他甘愿走进婚姻，更别说没有了爱情。

女人对于婚姻的执着，使她们面对婚姻时永远潇洒不起来。

如果能嫁给一个自己爱的男人，固然是件好事，如若不能，她们也会考虑考虑，这就是男人和女人最大的不同。

婚姻就像一根丝带，将男人和女人紧密地系在一起。在婚姻里，女人会说服自己去了解、欣赏这个和自己共度一生的男人，在懂得爱人的同时关爱自己、完美自己。

不过，婚姻也会狭隘女人的世界，渐渐地，女人的心里便只有她的家庭——她的目光会变得短浅，一门心思都在丈夫和子女身上；她的生活会变得琐碎，计较茶米油盐酱醋茶。

婚姻让女人懂得"爱"，同时也让她懂得"失去"，比如自由、事业……

所以，当婚姻遭逢不幸时，女人受到的伤害和打击比男人惨痛百倍。男人可以抖一抖羽毛重新开始，女人却很难从过去的婚姻阴影中轻松走出来。只因为女人依从自始至终的婚姻，而男人却习惯了追寻时刻如新的爱情。

一个男人如果丧妻，也许并不是一件多么可怕的事，因为空出的位置往往很快就会被其他的女人填充；然而女人如果丧夫，那将无异于是遭遇了灭顶之灾，她的人生或许要为此拐一个不小的弯，而身旁那个位置有可能要因此空置一生。

有过几次婚姻的男人，心灵照样完好，因为男人很喜欢这样有机会去一次次经历他所向往的爱情；但如果是女人，她的心灵必定伤痕累累，满目疮痍，不知道该怎样继续自己的人生。

不知道你认不认同这句话："上帝把世界交给了男人，把家庭交给了女人。所以男人驰骋天下，女人经营婚姻。"

做个叫人不安的女子

世人皆道张爱玲是个传奇女子,却罕有人知为什么将她称之为"传奇"。你读了她的诗,想必觉得她是个风雅客卿;你读了她的小说,想必觉得她是个凄苦的女人;但你读了她的爱情,便知她如何成为一世传奇。

电影《色戒》曾轰动一时,讲述的是20世纪40年代的故事。影片中,女大学生王佳芝和团员策划了一次暗杀行动,决定暗杀叛徒易默成。

易默成喜好美色,而王佳芝又长得楚楚动人,惹人怜爱,于是,易默成结识王佳芝后,便对她心生好感。原本暗杀计划进行得很顺利,可此时易默成突然接到撤退的指令,暗杀计划只好暂时搁置。

机缘巧合下,王佳芝来到上海,而易默成正好也在这里,于是王佳芝和团员再次策划暗杀行动。

在这天，王佳芝将易默成带到一家珠宝店挑首饰。易默成漫不经心地在店内踱步，当他看到一枚钻戒时，心底升起一抹情愫。正当他拿起钻戒，深情款款地望向王佳芝时，店内突然涌进十余人，拿着手枪将他二人团团围住。

原来，挑选首饰是假，在这里行刺是真。

当王佳芝看到易默成眼中一闪即逝的深情时，她才恍然大悟：原来自己对易默成演戏是假，动情却真。无奈的是，她二人一正一邪，只能承受那悲哀的结局罢了。

世人或叹造物弄人，或叹易默成咎由自取，却罕有人叹电影背后的故事——《色戒》就是根据张爱玲的同名小说改编。

当王佳芝与易默成的爱情纠葛一幕幕在荧幕上呈现时，我忽然想到那个清丽、默然的女子，那个对爱情满怀憧憬，却又跌入谷底的深情女子，那便是张爱玲。

世人皆赞她为传奇女子，除了风华绝代的才华，还有那段轰轰烈烈的爱情。张爱玲一生中的挚爱，那便是胡兰成了。

一天，胡兰成在自家的庭院中翻读张爱玲的一篇小说时，刚看两节便觉喜欢，他心想：是怎样的一位女子，才能写出如此细腻的文章呢？

于是，胡兰成决心拜访这个奇女子。令他惊讶的是，当天张爱玲拒绝了他的会面，却在第二天主动来拜访他。

张爱玲心思细巧，胡兰成满腹经纶，两人见了几面，便心觉欢喜，认定对方是自己的知己。

于张爱玲而言，胡兰成是个懂自己的人。这世间的任何一种情，都没有比"懂自己"更让人心动，于是她在送给胡兰成的照片背面，小心地写下一行："见了他，她变得很低很低，低到尘埃里，但她心里是欢喜的，从尘埃里开出花来。"

两人相恋的时光里，一个月里只有几天可以相见，于是张爱玲和胡兰成便常常相伴在房里说话。胡兰成说什么，张爱玲都一副欢喜的样子，两人越发懂得彼此，即使不说"爱"，那爱也在两个人的眸光里。

胡兰成在《今生今世》里这样写道：

夏日的一个傍晚，两人在阳台上眺望红尘霭霭的上海，西边天上余晖未尽，有一道云隙处清森遥远。我与她说时局不好，来日大难，她听了很震动。汉乐府有"来日大难，口燥唇干，今日相乐，皆当欢喜"。她道："这口燥唇干好像是你对他们说了又说，他们总还不懂，叫我真是心疼你。"又道："你这个人嘎，我恨不得把你包包起，像个香袋儿，密密的针线缝缝好，放在衣箱里藏藏好。"

在胡兰成面前，张爱玲就这样慢慢地低下去，满心欢喜，甘愿只做一个平凡的小女人。

后来，胡兰成在《今生今世》中又写道："好的东西原来不是叫人都安，却是要叫人稍稍不安。"这话似是自言自语，

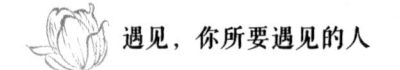

却不知道他当初有没有说给张爱玲听。

毫无疑问，胡兰成爱张爱玲，可他的爱却偏偏是"稍稍不安"的，而张爱玲却在这爱里沦陷，即使他四处留情也毫无怨意。

这爱情的博弈中，那个"稍稍不安"的歹人占尽了风光，徒留那安心的女子黯然神伤。与其做一个"萎谢"的女子，倒不如学那歹人"稍稍不安"些。

女人愿意照顾你，满足男人对"三从四德"的喜好，是因为她爱你宠你，但并不表示她愿意被当作用人和附庸。在爱情里的女子，任是怎样高贵灵透都会这样——在自己的爱情里变得很低很低。

"得成比目何辞死，但羡鸳鸯不羡仙"，古人诚不欺我。

《白蛇传》讲述的也是一个"但羡鸳鸯不羡仙"的女子，如张爱玲一般"低到尘埃里，欢喜地开出花来"。

白娘子本是条有千年修为的蛇精，如果拿现在社会的女性形象比较，就是一个活脱脱的女强人形象——经济独立、才貌双全，对生活遇到的各种困难也都应付自如，况且还有着强大的法力，足以对抗尘世间的风风雨雨。

而她的官人许仙不过是个平凡的药店伙计，与众人相比没什么特殊的地方。为了能回报白娘子的这份深情，人们不得不编撰一段报恩的故事。这样一来，好像白娘子所做的一切都顺理成章——那就是报恩！

可是，有几个人想过，白娘子这哪里是报恩，而是在追求自己的一份爱情。

只因为白娘子恋上了许仙，所以甘愿在他面前"变得很低很低"，于是，她对爱情的渴望、对家庭生活的向往，使她自觉地向传统女性的角色回归——为了老公而自己变得平凡，为他生儿育女，放弃得道成仙。

"任何男人跟我斗智，末了一定输，因为我比他们老一千岁，他们根本不是对手。我只要一个平凡的男人。"李碧华借白蛇之口说出众多现代女子的渴望，"我想做一个真正的女人。我爱他，不能回头了。以后，还要坐月子，喝鸡汤，亲自奶孩子，到他大了，教他读书写字。"

女性源于自身的妻性和母性，自觉地回归家庭，而不愿孤独地擎着女权主义的大旗。尽管在别人的眼里，她无比强大。

白娘子的这些意愿，其实就和现代社会中一些所谓的"女强人"一样。这些奇女子为自己的将来辛苦奔波、打拼，开创了一片安稳的天地，但是却觉得这份安慰中透着一丝凄凉——她们走到了"神仙"的位置，却也感受到了"神仙"的凄凉，从而认定"高处不胜寒"。

于是，她们渴望在平淡、平实、真切的家庭生活中体验温情和温暖，渴望回归家庭，只求做一个平凡的妻子和母亲。

这样的角色，平凡而伟大，可若想持续笼住男人的心，还

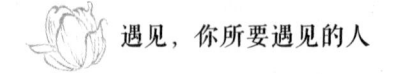

需要那么一点点儿让他们不安的本领。

比如许仙,其实对白娘子也未必全然放心。他当然知道她的出众,不仅是在于美貌,更在于内心的善良。

在苏州,他偶然结识了一位官人,并不小心给那位官人看到了娘子的画像,从此更加笃定,自己的夫人是位有魅力的女人——不然,他除了主动给自己的姐姐、姐夫看过娘子的画像外,为什么再没给任何一个男人瞧过呢?

按理说,自己的老婆美丽,这属于外交场合的绝对加分项,走到哪里都该"招摇过市"的嘛!他却没有,这正是他心里的那一份不安在暗暗作祟啊!

遇到爱情,遇到自己喜欢的人,女人可以变得低一些,但爱与谦卑要放在心里,没必要拿出来给他瞧——爱到一百分,只告诉十分即可。

爱情其实是需要技巧的,要学会诸葛亮的欲擒故纵大法,千万别跟张爱玲似的,"遇见你我变得很低很低,一直低到尘埃里去,但我心里是欢喜的,从尘埃里开出花来"。如此,那真是太不明智了。

第九章　苍凉爱情

女人取悦于人的方法有许多种。

单单看中她的身体的人，会失去许多可珍贵的生活情趣。美好的身体取悦于人，是世界上最古老的职业，也是极普遍的妇女职业。为了谋生而结婚的女人，可以归在这一项内。

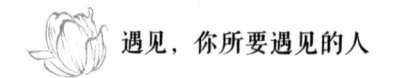

爱情的另一主角是男人

从来就没有什么独角戏,更何况是爱情。

张爱玲曾以为爱情只是一个人的事情,于是格外地认真和执着。甚至在胡兰成已经有了别的女人的情况下,她还是沉浸在自己的幻想中,为另外一个女人画像。

对爱情的过分执着,使她忘记了,爱情故事里的另一主角——男人。

张爱玲与胡兰成相识时,胡兰成是有妻室的,并且因政治原因曾在南京入狱。按说,这样一个有"污点"的男人总会让女人踌躇一二,她却对这一切不以为意,只觉得爱是自己的事,其余的都是别人的事——既然是别人的事,便无须考虑。

在爱情这个故事中,其实没有什么主角和配角之分,永远都是两个人的故事。如果女人是主角,男人也绝对沦落不到配角的位置,他在一段爱情中,必然占据着一席之地。

女人在爱情最开始的阶段常常是非不分，以为只要有感觉就万事 OK。如张爱玲，明知胡兰成不爱家不爱国行事荒唐，却依然觉得他会好好疼爱自己。甚至当胡兰成告诉她自己是个没有离愁的人，张爱玲都只一味地欣赏，却不曾想到——人若冷血至此，不是无情又是什么？

爱情有很多附加砝码，最重要的是另一方对人对事的态度。因为，态度决定结果。

一个善良、有原则又严谨的人，可能不浪漫，却必定专一和稳定。而浪子注定不会在某个女人身边停留过久，哪怕被胡兰成夸为"民国临水照花人"的才女张爱玲。

女人在爱情中，多半看不到男人的缺点，比如男人的脏、懒、馋，女人统统视而不见，甚至包括他们的自私——但倘若这样一来，你的感情就岌岌可危，随时可能出现崩塌。因为，男人的自私是很可怕的。

他们的人生观中有这样一个基本认识：世间一切，全都是为了让自己舒适而做出的有意安排。除了在做事赚钱的时候，不得不忍气吞声地向他人奴颜婢膝外，他们总是要做出一副高高在上的老爷姿态，尤其是在女人面前。

男人的家便是他的国度，他总是在家里称王，总觉得自己是天生的一家之主——高兴的时候，孩子可以骑在他的颈上，他像狗似的满地爬；不高兴的时候，他看谁都不顺眼，在外面

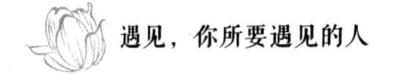

受了闷气，回到家里加倍地发作。

他不体谅女人的苦处。女人对于他的殷勤委屈，在他看来，就如同犬守户、鸡司晨一样，都是自然现象。

这大概要归根于男女双方对待感情所持的不同观点，即女人重情，男人贪欲。情深时，女人会拉着男人去看海；热恋中，男人会抱着女人去上床。他说他爱女人，其实他不是爱，是享受女人。

男人和女人生来不同，他们就这样各自完成着自己的使命。男人从来不问他给了别人多少，但是他要在别人身上尽量榨取。他觉得自己对女人最大的恩惠，便是把赚来的钱全部或部分拿回家来。

但是，当他把一卷卷钞票从衣袋里掏出来的时候，他脸上的表情是骄傲的成分多、亲爱的成分少，好像是在说："看我多能干，你行么？我这样待你，你多幸运！"

他若是感觉到这家不再是他的乐园，他便有多样的借口不回家。他到处游荡，另辟乐园——和狐朋狗友聚餐，彻夜打牌，去夜总会，最不济的地方还有个茶馆。他的享乐方法太多。

男人和女人由于角色和追求的不同，因而使得这个世界从此开始变得热闹非凡而又绚丽多彩！

女人是感性动物，男人是理性动物。假如轮回之说不假，下世侥幸依然投胎为人，很少男人情愿下世做女人的。他总觉得这一世生为男身而享受未足，下一世要继续努力。

普通女人一般只懂得呵斥和指责，根本不会驯服男人，长久后只能使男人变得更加冷漠。

真正聪明的女人，会用另外一种方法驾驭男人，比如似水柔情。只不过，粗心的男人往往看不懂女人的这一面。

虽然女人从来都是付出多的那一方，但是需要的却很少——一枝玫瑰、一个吻，抑或一个善意的谎言，即可使女人得到最大的满足。

为爱归去来，到头易成空

对于很多人来说，尤其是女性，听到"第三者"这三个字，要么咬牙切齿，要么嗤之以鼻。

毫无疑问，这是一个令人生厌的词语。因此无论是谁，都希望自己拥有一段美好的爱情或婚姻，而那个破坏爱情平衡点的第三者，自然成了罪恶之源。

尽管人们十分讨厌第三者,但是生活中依然存在第三者的影子。国外曾有人对"第三者的婚姻状况"进行调查,结果显示:与第三者结婚的人,是离婚族最高的一类,高于其他类型离婚率的30%。

为什么他们因相爱走到一起,到头来却不能举案齐眉呢?

社会学家经过仔细分析,得出这样的结论:之所以与第三者婚姻的离婚率更高,主要是两个人存在以下五大问题:

一、曾经因为所谓的"爱情"而背叛家庭苦苦相恋的两个人,在共同生活后发现了对方许多的不足。

那些曾充当第三者的女人,往往在得到婚姻之后,就以为大局已定,难免生出一丝懈怠——过分高估了爱情的能力,而忘记了婚姻的实质,甚至忘记了去消除生活中的小问题。

这导致男人开始怀念自己的原配,猛然领悟到,原来的生活才是最适合自己的生活。因此,他在心里觉得,为了这个第三者而与自己的老婆离婚,简直就是一种愚蠢。

二、互相缺乏信任感。

由于两个人都背叛了家庭,或者两个人有一个是背叛家庭的,另一个是单身——那么,单身的那个就会想:今天,你可以为了我背叛自己的家庭,怎么能保证他日,你不会为了别的女人(男人)而背叛现在的家庭呢?

两个人对彼此的感情都是出于一种不信任的态度,有了怀疑便会产生裂痕。因此，新组成的家庭难免会面临再次解体的危险。

三、内心存在强烈的负罪感。

婚后，一方觉得自己背负"第三者"恶名遭人指责，另一方觉得自己为对方抛弃家庭牺牲过大。双方都觉得自己有牺牲，对方都应该感激自己或者在生活中补偿自己。

由于这种心理，使得两个人之间的感情失去了平衡。

四、双方存在利益交往。

部分第三者原本爱的就是对方的钱、权、势，这些东西一旦失去，其婚姻殿堂会随之崩塌。

五、无法与原来的情感告别。

与原配离婚，常有愧疚心理，于是对原配颇为关切，引起对方不满。

这些都是客观存在的问题，而且其中任何一个问题都能使婚姻面临解体的危险，引发一场空的局面。

女人往往为爱而冲动，认定一个人就非要得到不可，殊不知，这本身不算爱情，而是强烈的占有欲令人迷失心智。而一旦得到，精神上的欲望得到满足，自然也不会想到珍惜，最终令自己的一番心血白白地付诸东流。

女人为爱，往往没有顾及，没有限制。其实，爱情，也应该要有个限度的，不然真的到最后只能是一场空。

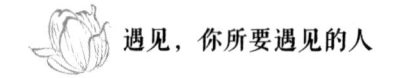

爱情这件事，需要人付出时间和精力去维护的，但用力过度只会使人感到疲惫，而没人愿意为一段疲惫的爱情付出更多。

我们都知道，张爱玲在进入胡兰成的生活后，起初是做了别人的第三者。那个时候，她像所有的第三者一样，渴望得到的是胡兰成整个人。

虽不敢质疑她的爱情，却也觉得，一个女人自知是第三者还要硬往一段婚姻里闯，一定是不够明智。

而后来，在她与胡兰成结婚之后，别人又成为她与胡兰成的第三者。当她被这段婚姻伤透心而无奈地选择离开之时，不知是否会想到"因果报应"四个字。

可以说，这样的一个旷世才女，爱得没了头脑，丧失了尊严。甚至第三者的身份，非但没令她倍觉尴尬，还一个劲地往婚姻里头扎，最终伤了自己。

她婚姻失败的另外一个原因是：作为被男人用来征服的猎物，她一开始的姿态过于低矮。试想，如果一个人不费吹灰之力即可被拥有，并且笃定对方会死心塌地地属于自己，谁还要花费力气去追求呢？

可以想到，这中间是有个"度"在的：太难追、难缠的，时间久了，男人会没耐心，最终选择放弃；而太轻易到手并且特别安全的，又没什么征服欲，时间久了，男人也会没耐心，最终选择抛弃。

虽然这有些很不讲道理，但男人往往就是这样。如某一首歌里所唱："得不到的永远在骚动，被偏爱的都有恃无恐……"说的就是这个道理。

张爱玲就是最好的例证，她因为爱，忍痛对胡兰成做出的一切妥协，在胡兰成看来却是"她倒是愿意世上的女子都欢喜我"——世上果真有一个女子能够如此超脱或说愚蠢吗？她的死心塌地，让他丝毫没将她放在心上，更别说认真去考虑她的情感需求。

"付出得越多，那伤越沉痛"，终于，张爱玲不得以选择离开，诚如她所言："我倘使不得不离开你，亦不致寻短见，亦不能够再爱别人，我将只是萎谢了。"往后的岁月，因为这段悲哀的情感，她再没写出像《金锁记》般凄美的文章。

女子就是这样，常常为了爱情拼命去付出自己的全部，到头来却往往落得一场空。

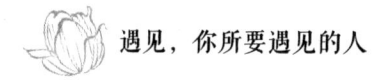

女人是一口井,等男人来淘

张爱玲曾说:"我是一口井,等你来淘。"这句话,平白惹来了多少女子的幻想。

犹且记得电视剧《还珠格格》里,紫薇在向乾隆皇帝转述母亲的遗言,说了这样一段话:"她等了一辈子、恨了一辈子、想了一辈子、怨了一辈子,可是仍然感激上苍,让她有这个可等、可恨、可想、可怨的人,否则,生命会像一口枯井,了无生趣。"

人是因为感情而活着的,亲情、友情,还有那最摄人心魄的爱情。没有感情的世界,心也像片浮萍,无所依附。

张爱玲说她自己是一口井,然而,对于那些渴望获得感情滋润的女人来说,谁又不是一口井呢?她们焦急地等待那个合适的人来淘,然后两个人收获满心的喜悦,从此快乐地生活下去,彻底对枯井 say No。

有些人运气好，早早遇到了自己的真命天子，因此生命流光溢彩。只可惜，像张爱玲这样的才女，即便物华天宝，是一口古井，任由后人来淘出的都是一地清冷的月光。

当岁月的刻刀无情地雕刻着女人光洁的额头，而她耗尽青春仍未迎来生命的丰盈——爱情，可能早已将她的生命侵蚀，不复完整。

所以说，有些女人不易等来爱情，仅仅只因为太喜欢对生命发出致命的一声惆怅。

刚毕业的曲蕊，在踏入社会的第一天，就很幸运地遇到了自己喜欢的人，那就是自己的同事方景瑞。

在学生时代，曲蕊一直是个不修边幅的女生，常常只穿着一身运动服。但自从工作遇见方景瑞后，她开始关注化妆品，每天都要逛网上商城给自己挑选衣服。

俗话说："女为悦己者容。"曲蕊希望通过这些细节的变化，让对方在不知不觉中对自己产生好感，然后收获爱情。

但无奈方景瑞是一块榆木疙瘩，总是不能明白曲蕊的心意。

可能是作为一个女孩，曲蕊不好意思直白地说出自己的想法，只能继续想办法对方景瑞进行各种暗示和旁敲侧击。比如，每天提前10分钟到公司，就为在方景瑞的办公桌放上一份热乎乎的早餐；下班后不走，总是等着方景瑞一块，然后默默地跟在他身后……

有一天下午,晴空突然打了一个大雷,霎时,乌云遮日,天降大雨。

因为早上是晴天,大家几乎都没带伞,曲蕊却暗生欢喜。原来,她发现方景瑞也没有带伞,而她前天正好新购了一把雨伞,此刻就放在办公抽屉里。

果然,到了下班时外面的雨还在下着。很多同事已经打车走了,此时办公室里只剩下曲蕊和方景瑞。她看到方景瑞正在收拾办公桌,连忙起身,故作镇定地走出公司。

几分钟后,方景瑞来到楼下,却发现曲蕊正在门口玩手机。方景瑞连忙问:"你怎么不走啊?"

曲蕊说:"我看到你没有带伞,所以……"她甩甩手中的雨伞,"不如我们一块走吧!"

就这样,两个人肩并肩一块走在雨中。两个月后,他们果然在一起了。

方景瑞这才恍然大悟:"原来你一直都在等我开口呀!"

听完这句话,曲蕊面带笑容地点点头。那一刻,方景瑞之前所有的"不解风情"以及因这种"不解风情"而给曲蕊带去的种种惆怅,也一下子烟消云散了。

爱情来的时候,正是带着这样一种莫名的"惆怅",假使对方并没按你想要的方式对待你,那么,你的心,就难免会产生一丝惆怅。故事中的女孩,很好地将"惆怅"告知她喜欢的男孩，最终令男孩醒悟，两人一起获得了幸福。

现实中，也有一些恰恰不那么幸运的女子，因为惆怅而错失掉爱情。

就拿张爱玲来说，想必惆怅这两个字，在她很小的时候就跟随在身侧了。因为父母离婚，她从小得不到父亲的关怀，也得不到母亲的疼爱，小小的年纪，内心自然是充满惆怅的。

这样的孤独，令她只能在自己的文学天赋上寻找温暖，写出"出名要趁早，来得太晚的话，快乐也不是那么痛快"。为什么她要这么早地去出名——因为在别处得不到任何关怀的她，只能消耗这点儿天分获得别人的关心。

但她又太聪明了，知道那些关心是虚头巴脑特别不实际的，所以，又只能做出一副高冷的姿态，冷眼看尽繁华世界。

可见，她成年后竟也未能彻底打消藏在内心的惆怅。而就在她备感孤独的时候，胡兰成出现了。

胡兰成的博学和那看似恰当的关心，让张爱玲的惆怅少了很多。她的喜悦有人分享了，甚至是一篇文章，都有个人在旁边说着好或者不好——以前疏远的世界，因为胡兰成的出现而有了些亲切感。

只是她没能想到，这份爱的到来，却给她的生命带来更大的惆怅。一段感情结束的时候，她对自己说"我将只是萎谢了"，然后带着那份惆怅继续自己的人生。

惆怅，是每一段爱情里都会有的，只是不同的是：有些爱情会因它而输；有些爱情，却能忽略它，很好地找寻到另一份幸福人生。

比如，林青霞就很好地做了一个正面例子。当她和邢李原的婚姻昭告天下时，有记者采访她时问，为什么最终选择了他。

林青霞微笑着爽快地回答，因为除了他，也没有其他男人约我啊——眉眼之间，闪过那么一丝惆怅。

不管这惆怅是真是假，至少她的选择是：不让这份不快阻碍她，而是化惆怅为幸运。而现在，她的幸福，世人有目共睹。所以说，女子要学会善于摒弃惆怅。

女人的生命是口待人发掘的井，而一味地惆怅则会为自己带来许多霉运。真正聪明的女子，一定要懂得收藏，将那份惆怅留给寂寞的自己，而绝不呈现给爱自己的人。

晚年的张爱玲是聪慧的，尽管她在与胡兰成的婚姻里受到莫大的委屈，却懂得将那份惆怅、失落和她的爱情一起珍藏起来，安稳地度过自己的余生。

想必她更早的时候就已懂得，既然别人无法兑现岁月的安稳，那就靠自己吧。

如果，爱

爱是什么？

先哲柏拉图说："人最初为圆形，两头四手四足，行动迅速、滚得飞快。宙斯看见，非常生气，于是用斧把人一劈两半，从此每个人都在寻找自己的另一半——这就是爱情的由来。"

大年初一到叔叔家拜年，堂姐正好在整理相册。我瞧见有一本相册的边角已经破皮，就打开来看，刚翻到第二页，堂姐的喉咙里就发出哽咽的声音。

那是张一家三口的全家福，照片上的小女孩梳着两个羊角辫，笑容非常灿烂，可一旁的两个大人却神色凝重。

"姐，大年初一哭，一年都会哭哦。"我提醒堂姐一句，偷看一眼众人，发现没人注意我们，就和堂姐抱着相册去了卧室。

照片上的小女孩正是堂姐，而一旁的大人正是叔叔和婶婶。

记得那年堂姐才六岁,父母带她去了她一直想去的游乐园。那天,堂姐玩了许多好玩的项目,傍晚的时候,叔叔牵着她的手回家了,可妈妈却再也没回来。

后来,堂姐有了"二妈",没过两年,堂姐连后妈也没了。又过了一段时间,堂姐有了"三妈",尽管她只比表姐大一轮。

堂姐吸了口气,摩挲着照片上的人像,对我说:"我结婚的时候,她也没来。"

或许多年积压的情感得不到宣泄,堂姐的眼泪刷地涌了出来。起初,她只是低低啜泣,然后哽咽的声音越来越大,悲伤也越来越浓。再后来,卧室的门不知道被谁打开,所有人都盯着堂姐看。

婶婶问我怎么了,我不知道该如何说,只得三缄其口。

后来,我们都去了客厅,叔叔一个人留在卧室。我怕婶婶问我话,便躲到另一间屋子里去。

我要回家的时候,堂姐从卧室里出来,她的眼睛肿得像桃子,神情却多了几分轻松。

后来,堂姐告诉我,爸爸和妈妈结婚后,由于妈妈的单位是做外贸生意的,经常去国外出差,就和一个外国人相爱了。在爱情和家庭之间,她选择了爱情。

我诧异,叔叔是个很厉害的人,脾气一向不太好,发生了这样的事,他竟然能原谅?

堂姐说，爸爸当时生气过，也负气不肯和妈妈离婚。可后来想了想，这样的生活并不快乐，毕竟他和妈妈还是有感情的。与其两个人捆绑在一起天天争吵，不如放开手，这样彼此才能幸福。

"还有，其实这些年我妈都在关注我，我很多衣服和饰品也是她寄给我的。小时候，我爸怕我想她、找她，这才没跟我提过。我爸说，他以为我早就放下我妈的事儿了，所以一直没告诉我。"堂姐说得很轻松，当她得知妈妈还是记挂她的时候，她就已经放下了。

两个相爱的人，可以一辈子相守。但有时候，爱，不一定是相守——如果真爱的话，也可以是放手，就像我的叔叔。

放手的时候，可以告诉自己是缘分没有了，也可以告诉自己是为了爱人更幸福，还可以告诉自己，真正相伴一生的人还没有出现。

所有的理由，其实都是在说：要如何去爱，怎样算爱；如果爱的话，我们又应该怎样去取舍。

当爱情远走的时候，是彼此互相伤害，还是彼此珍藏过往，重新来过？

张爱玲对胡兰成的爱，自然不必质疑，这个女子甚至是用整个生命去爱的——当她离开胡兰成，也将自己的青春和才华断送了。

她曾经爱得那么执着,但是胡兰成却是一个不懂得珍惜爱的薄幸郎——张爱玲为了爱,宁愿千山万水,倾囊相助,胡兰成却是拈花问柳,从不消停。

故事中的爱,增加了因果的哲理,让人知道,爱还有放手的形式。而张爱玲的爱,却因为糊涂,而少了原本那份洞悉世事的聪慧。

她明知道胡兰成的心性,却还是相信胡兰成写给自己的"愿使岁月静好,现世安稳"的话,她完全被爱所迷惑,被自己内心深处不切实际的幻想所征服——这种爱,是女子为自己虚掷的幻想,不是真正的爱。

诚如电影《重庆森林》里所说:不知道从什么时候开始,在任何东西上面都有个日期,秋刀鱼会过期、肉罐头会过期,连保鲜纸都会过期。我开始怀疑,在这个世界上,还有什么东西是不会过期的?

世界上任何东西都是有保质期的。

或许胡兰成是爱过的,只是爱情一旦过期,便露出他拈花惹草的本性。张爱玲在信里写:"我已经不爱你了,你是早已不爱我的了。"她也终于明白并且愿意接受,胡兰成是不爱自己了——因为爱一个人,是一定不舍得对方因为她而受委屈,甚至心痛的。

过期的爱情,就算有一方还在深爱着,也只能选择离开。

爱一个人是很容易的，见一个爱一个的人也多的是，韦小宝的七个太太足以证明尘世男人的心理诉求。但是，若要爱一个人一辈子或一辈子就只爱一人就很难了。

虽然爱让人高尚，但爱也有让人爱而不得时沉醉其中无法自拔的无奈——当爱成了人一辈子的追求时，往往这个故事很快就结束于男女主人公的"化蝶"。

爱到尽头，不一定都能得善果。爱要讲究缘分，缘分不可强求。该是你的，早晚是你的；不该是你的，怎么努力也得不到。

但无论任何时候，我们都不要绝望，不要放弃自己对真、善、美的爱情的追求。要知道，人生的价值在某种意义上讲，就是爱和被爱的成熟——当真爱来临，结果也就成熟了。

以一种平和的心态去迎接爱情，就不会如张爱玲般孤注一掷，结局惨淡。

当爱情降临时，别问是否永远，只尽心地呵护便是。爱对了，我们好好珍惜这份来之不易的幸运；若爱错了，花时间治愈好伤口，再投入到茫茫人海，继续寻找下一份关怀。

只有无私的爱才是真的

张爱玲和胡兰成分手后的很长一段时间里,她内心深处并没有彻底放下这段感情。否则,她就不会在自己 55 岁的年纪,写下这本《小团圆》。这部作品,无疑是张爱玲的自传体小说。

是年,已经步入中年甚至是老年的张爱玲,作为一个女人,她终于可以有光鲜的外在条件,去给自己生命中那段最重要的感情做一个总结。写这样的作品,等于是给自己的一份交代,更是对社会、对广大读者的回应。

小说主要讲述了女主人公九莉与有妇之夫邵之雍的一段爱情故事。张爱玲本人,则可看作是九莉的化身,因此,故事中的九莉和张爱玲一样,有着一个身世堪怜、缺少父疼母爱的童年。

在这部作品里,张爱玲首次提到了她对母亲的感受。作为读者,我原本以为张爱玲对一向严苛的母亲是痛恨的,却没想到,这本书里反映出的,却是她作为女儿的一份愧疚之情。

少年时代的张爱玲，因为父母的离婚，母亲又赴洋工作，所以母女两个人总是聚少离多，缺少正常母女之间的那种温存与沟通。于是，这导致少女时期的张爱玲，性情格外孤僻，没有正常的人际关系。

母亲离婚后，父亲再娶。张爱玲从那个满是冰冷的家中逃离，历尽千辛才找到她的母亲。那时，张爱玲以为母亲会眼含热泪地接纳自己，却没想到，母亲对她很冷淡。

这样的母亲，少女张爱玲大抵是不爱的吧。

成年以后，她终于可以正确且全面地去理解自己与母亲之间的感情。在《小团圆》里，与张爱玲有着同样凄苦身世的九莉，对母亲并非一味地憎恨与埋怨。特别是懂事以后，九莉以一个成年人的眼光看透了母亲当时的处境——母亲离婚后，虽然从那段沉重的婚姻中解脱出来，可她一直没有找到新的归宿。即使她有许多情人，却始终没有一个温暖的家庭。这样的母亲，内心亦充满了苍凉与悲哀吧。

我想，一个女人只要有一些能力，她一定不会轻易离开自己的孩子。可是，少女的张爱玲无法理解生活对每个人的挑剔，亦不能理解"成年人的生活没有容易二字"。作为一个孩子，她的视线也看不了那么远。

母亲自有母亲的难处，因为她不是一个可以为了孩子勉强自己去妥协婚姻的人。张爱玲的母亲知道自己想要什么，所以，她选择了自由。但她对张爱玲，不能说是没有尽半点儿的母爱与责任——在父亲不主张让张爱玲上学读书时，母亲却通过自己的努力，将她送进了当时上海最好的洋学堂。

后来也是母亲送她到英国留学。其间，张爱玲不幸感染伤寒，母亲费尽心力联系到一位医生，替她精心诊治，这才保住了性命——能说这样处处为女儿着想的母亲，是不爱她的吗？

但十几岁的张爱玲，一时还考虑不到这些，所以，少女的她是怨恨母亲的。大概又因为她的模样长得令母亲失望些，所以早年间，母女两人的关系始终不如意。

偏偏张爱玲从小孤傲决绝，对母亲的不喜欢也常常流露在外，甚至好多次公然背叛母亲。在别人问起她更喜欢母亲还是父亲时，她总是狠狠地别过头去，从来不提母亲这个字眼。

写这本书的时候，张爱玲的母亲已经去世了，她自己也老了。世事变迁，生活也给了她很多苦痛与磨难，她开始以成年人的视角，思量自己与母亲的关系。渐渐地，她回味过来，原来母亲并不是真的不爱自己。

只可惜一切为时已晚，甚至在母亲去世前，张爱玲还狠心而决绝地拒绝了她想要再见一面的恳求。这一对母女，明明可以心心相依，却最终没能逃脱成为仇敌的命运。

或者就是因为害怕这种具备破坏性的关系，张爱玲在小说的最后这样写："她从来不想要孩子，也许一部分原因也是觉得她如果有小孩，一定会对她坏，替她母亲报仇。"

当然，作为自传性质的小说，这本书里不可避免地提到了胡兰成，也就是对应着的九莉爱着的已婚之夫邵之雍。

隔了30年，回头再看自己年轻时的荒唐恋爱和婚姻，张爱玲像世上大多数逃出情劫的清醒人，对那段旧的感情多了一丝讥诮。正如她与胡兰成相识时，对方已是结过两次婚有着两个老婆的人，小说里的邵之雍也是带着有妇之夫的身份，结识了年轻懵懂的九莉。

或许爱就是一只扑火的飞蛾，明知对方三心二意，却偏偏还是爱上了他。但胡兰成错就错在，他以为张爱玲跟其他女人没什么不同，既然选择了他做丈夫，就一定会接受他的三心二意。殊不知，张爱玲内心也在渴望一种能够长相厮守、信守承诺的爱情。

结婚，是胡兰成的一时兴起，虽没办任何隆重的仪式，只简简单单写了婚书。但于张爱玲来说，那是一份认真的保证，一份可以暖心的守护。

可惜，胡兰成是个典型的旧式中国男人，他对女人从不吝惜溢美之词，却从不会真的把谁置于心上。他过分地在张爱玲面前展示自己的风流本性，并且想要她将这认为是一种男性的魅力——简直不能更愚蠢了。

这样三心二意的爱情，张爱玲不能要，任何女人都不能要。

于是,她故作平静地要胡兰成做选择,胡兰成很诧异:"好的牙齿为什么要拔掉?要选择就是不好。"

这样疯狂的回答是张爱玲始料未及的,她终于心死。

很多读者疑惑,为什么这样重情、将胡兰成看得比自己生命还重要的张爱玲,在失去他以后没有选择自杀,而是去了美国隐居?

这个问题似乎也可以在《小团圆》里找到,也就是九莉离开情人之后的心理活动。张爱玲这样写道:

"对于之雍,自杀的念头也在那里,不过没让它露面,因为自己也知道太笨了。之雍能说服自己相信随便什么。她死了他自有一番解释,认为'也很好',就又一团祥和之气起来。"

张爱玲是真正想清楚了,胡兰成不爱自己,因此,即便她为情自杀,他也会心安理得地过好余生。这样的爱情,有什么值得去付出生命呢?

张爱玲对胡兰成的爱是不求回报的,如果有,所求不过是一生一世。而胡兰成呢,却妄想着从她这里得到爱情、性、金钱,甚至是不断征服女人的快感。想明白这些,张爱玲最终完成了对自我的拯救,没令自己不理智地死在他手里。

过去了,也就那么回事。她已不再喜欢他,写完了《小团圆》,也就彻底了却了这段荒唐的爱情。

第十章　愿使岁月静好，现世安稳

你要做的不是一个矜持的女人，而是一个内秀端庄的女子——遇到挚爱时放下所谓的面子，大胆去争取、去接受。如此，你便是最好的女子。

见好就收

张爱玲的生命,本身就是一个传奇:高贵的出生,绚烂的爱情,平凡的终结。

这样的生命轨迹,不知是多少人向往的完美弧线。然而,这些也只是表象而已,因为在条件富庶的张家,张爱玲的童年也是极其不幸的,非但没有一分享受,反而为这些虚名所累。

少女时代,有着好出身的她却没有好的生活境况,甚至都没有平常儿女家的天真和乐趣。虽衣食无忧,但心中总有不真实的感觉,使生活落不了地。和父亲一起的日子是一个暗淡的童年,全然得不到他的一点儿温情,甚至还被后入门的姨娘打骂。

不堪忍受的张爱玲,在一个漆黑的夜晚偷偷从家里逃跑出来,从此再也没回去。她向往平民的生活,这在一篇名为《马草炉饼》的散文中可以看出来:"上海沦陷后天天有小贩叫卖:'马……草炉饼!'吴语'买''卖'同音'马','炒'音'草',

所以先当是'炒炉饼',再也没想到有专烧茅草的火炉。

"卖饼的歌喉嘹亮,'马'字拖得极长,下一个字拔高,末了'炉饼'二字清脆迸跳,然后突然噎住。是一个年轻健壮的声音,与卖臭豆腐干的苍老沙哑的喉咙遥遥相对,都是好嗓子。

"卖馄饨的就一声不出,只敲梆子。馄饨是宵夜,晚上才有,臭豆腐干也要黄昏才出现,白天就是他一个人的天下。也许因为他的主顾不是沿街住户,而是路过的人力车三轮车夫,拉塌车的,骑脚踏车送货的,以及各种小贩,白天最多。可以拿在手里走着吃——最便当的便当。"

她亦很喜欢挎个篮子,于日落之前去菜市买菜。1949年之后,张爱玲应友人邀请加入政府的作家组织,下乡考察,并在这段时间写下了很多乡村生活的片段。在2010年出版的遗稿《异乡记》中,就曾写道:"一个雪白滚壮的猪扑翻在桶边上,这时候真有点儿像个人。但是最可憎可怕的是后来,完全去了毛的猪脸,整个地露出来,竟是笑嘻嘻的,小眼睛眯成一线,极度愉快似的。"

另外,《异乡记》中还记录了1946年张爱玲前往温州找寻胡兰成途中的所见所闻。这段下乡经历,也被多次写入《华丽缘》《秧歌》《赤地之恋》等。可见,张爱玲对平民生活是热爱的,至少,是愿意观察和描写的。

她知道见好就收,她懂得自己比别人多了那份高贵出身的

"血统"，那么，比别人多出一份磨难也就理所应当。她收起那些令自己骄傲的东西，深深地沉浸在这平凡的市民生活中，接纳并享受。

所以说，传奇的张爱玲同时又是世俗的，她传奇但并不拒绝享用最平淡的世俗。这就是她的高明之处。故而，她能够写出那些脍炙人口，令人感觉毫无距离感的，描述平常日子的文字，让人感到亲切、亲近。

张爱玲曾说："现代文明无论有怎样的缺点，我还是从心底里喜欢它，因为它到底是我们自己的东西。"而拥有这份平凡生活的市民则刚好相反，他们太熟悉平常的日子——在平日的生活里，随时可以听到隔壁婆娘的吵架、看到一家人因为一点儿家长里短就相互动粗。

女人经常被自己的情调所感动，她们要的绝不是事实本身，而是事物呈现的某种姿势、某种光晕——虽然向往贵族的不凡，但也知道不可能，不如实际些，就势将日子打扮起来，借用张爱玲精准的洞察力，来超越生活伧俗的一面。

然而，人们明白了这些，却并不懂得见好就收的道理，而总是希望能把自己从世俗的生活中拔起，恨不得从此飞上枝头，甚至要洗刷掉艰苦生活的经历。对此，张爱玲曾戏言："戏剧化的生活有害健康。"

或许是看出了平淡的可贵，她的后半生一直都在努力地追寻平淡安宁，远远避开人们的视线——或许是因为年轻时调子太激越，老来才如此保守。

她打一出生，就被身不由己地戏剧化了，所以紧紧抓着市井生活来讨个现世安稳。虽然她心里清楚，这些东西其实并不属于自己。

而对于我们这些俗人来说，最要紧的，是不鄙弃我们生而有之的东西，莫以装点生活之名远离生命。生和死在两头限定好了你的格局，所要做的，无非就是打开有限空间内所有的可能性，面对生活，懂得见好就收。

爱情和婚姻亦是如此。

从来就没有十全十美的事情——你有了爱情，有可能失去平淡安稳的婚姻生活；有了幸福稳定的婚姻生活，又很有可能失去激情飞扬的爱情。从来没有一个人，可以同时拥有这两样东西，就看你追求哪个。

失去飞扬的爱情其实也并不可怕，毕竟拥有平淡世俗的婚姻生活，才是殊途同归。

对张爱玲来说，她生命的最初，曾为爱情轰轰烈烈地燃烧过，即便没能像自己期盼的一辈子拥有"岁月静好，现世安稳"的婚姻，却也学会了扎实地去过稳定安全的生活。

单就这一面来说，她的一生，已不必后悔。所以，她才会说："到好就收，不到大悲大痛之绝境。"

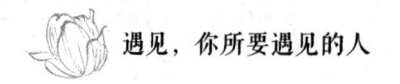

真性情下的岁月静好

提到"岁月静好",女人总是比男人更有发言权。茫茫人海,女人永远是比男人更渴望得到一个知心爱人,与之现世安稳,岁月静好。

同样,20岁和30岁的人所看到和理解的爱情,亦是完全不同的:20岁,人们爱的是不顾一切轰轰烈烈;但30岁,人们一定更爱细水长流、天长地久。

正如身边一个姐妹所说:"到了一定年纪,大都渴望一段平衡的关系,条件相当,不需要费心费力,自然而然就走在了一起。"

我深以为然。

每个女人,无论世事如何变迁,都无不渴望能够找到一人:"漫漫岁月人生,只愿有这么一个人,免你受苦、免你委屈、免你一生奔波、免你孤苦伶仃,爱你如己。"

这种女子，有着比之四海最大的耐性，不管红尘如何辗转，永远真情性而又目空一切。

这样的女子，李碧华应算一个。亦如张爱玲，她也是个绝顶聪明的女子，似一株诡异的植物，浑身散发着神秘又迷人的气息。

她笔下的人物，一个个灵魂剔透，或者睿智坚强、或者幽美贞静，从不抱怨爱情的失意。

李碧华出身富贵，端的是大家风范，冷眼剔透，有那么些目空一切的贵族情结。"宫门之外，再美，民女而已。"可又敢于自嘲，"如果来生可以挑拣的话，我不愿意做男人，因为我不愿意爱女人。此等复杂之动物，阴险、嫉妒、小气、八卦、毒辣、嚣张、霸道、敏感、记恨……真是爱不过呀。"

对爱情，她冷静却一样敢爱敢恨，而且语不惊人死不休："大概一千万人之中，才有一双梁祝，才可以化蝶。其他的只化为蛾、蟑螂、蚊子、苍蝇、金龟子……就是化不成蝶，并无想象中的美丽。""过上等生活，付中等劳力，享下等情欲。"

这是怎样的一个女子，竟对爱情这般通彻透明。想来，她本身就是一部耐人寻味的书。

这样的女子，在爱情来临之时她们不会亏待自己，当爱情走远后她们义无反顾地放手，她们信奉的是：

"当你深爱一个人，就勇敢地去与他结合，同样，当你发现了婚姻的漏洞,并认为不可弥补的时候,也要勇敢地放弃这段婚姻。离婚并不可耻,迁就与屈从是无止境的噩梦。""千万别奢求一生一世,爱过、恨过、活过,习惯了。真爱是无悔的,几乎忘了,原来还记得,悸动如睡火山蛰伏心底的滚烫。"

当胡兰成在婚书中写下"岁月静好,现世安稳"的诺言,即便是洞悉世事的张爱玲,想必那一刻也是欢喜的,将简短八字细细珍藏。她以为这些誓言是认真的,以为自己真的可以从他身上得到那静好安稳的岁月。

不错,为这段感情张爱玲的确付出了太多。但当美梦破碎,她亦没有纠缠贪恋,而是冷静地与对方一刀两断,给自己时间去愈合伤口。

张爱玲的"静好"是相爱时温暖地珍藏,分别时沉默地离去。她这样的安静、忍让,令胡兰成直到晚年仍然留恋,在回忆《张爱玲记》中,他这样写道:"她只管看着我,不胜之喜,用手指抚我的眉毛,说'你的眉毛',抚到眼睛,说'你的眼睛',抚到嘴上,说'你的嘴,你嘴角这个窝我喜欢'。

"她叫我'兰成',我当时竟不知如何回答。我从不当面叫她的名字,与人说张爱玲,她今要我叫来听听,我十分无奈,只得叫了一声'爱玲',顿时很狼狈……又说,'这一别不知何时再见',跟我说,说'我爱你'。于是我说'我爱你',我们都瞠目。为什么?后来,此一别,我们只见过一面,再后来信少了。你好吗？远隔千里，你好吗？"

一个女子可以静好到如此程度，想不留恋也是难的吧？虽不了解胡兰成的另外几任夫人何样，但看生活中一些临到分手就大吵大闹的妇女，亦要对她生出这许多的喜爱来。

或许，是她太懂得，事已至此，无端的吵闹只会令自己的身份掉价，那还不如冷静地将这段感情埋葬。

更美好的是，她并没因此丧失爱的能力——到美国定居后，她又有了第二段爱情和婚姻。

她在美国的文学营地与赖雅相识。那时的她，不可与在国内时同日而语，身在异乡，没有亲人，更可悲的是也没有稳定的收入。

但当决定与赖雅共建未来后，她仍将自己积攒的零花钱全部给了胡兰成——纵然在胡兰成那里栽了跟头，她爱一个人的方式仍未丝毫改变，依旧全心全意。

相比之下，现在有多少男女在第一段感情失去后，就不愿再对对方付出。

可见，张爱玲不是一般的潇洒和真性情。

正是这份真性情下的"静"与"好"，令张爱玲之所以成为别样的奇女子。如今人们提起她来，刨除那不幸运的婚姻，更多的是对她才华的赞叹、人品的敬服——而这，于她来说，何尝不是一种成全。

这种静好，也可以看作是一种沉默。

一个善于沉默的女子，懂得自己的价值在哪里，明白自己要的是什么，她不去着急、争抢、辩白，沉默且有力量。就如很多人臆测和诟病张爱玲选择赖雅的真正动机时，她依旧选择沉默，任由外面流言满天飞，一心一意安排好自己的生活。

这个世界有着太多聒噪，人与人之间需要静默来对待。张爱玲的静默，就像是"繁华落尽显纯真"，让人如饮佳酿，回味无穷。也许张爱玲唯一的目的，就是为了过上普通人的生活。

张爱玲不爱赖雅吗？也许她那时候理解的爱情，跟年轻时已不一样了吧。

她一直照顾着这个比自己大很多的男人，到老到死。她到去世都对这段感情保持沉默，也许只是为了证明：生活本身比所谓的爱情更加重要。

静默是一种境界，在孑然一身时，直面孤独；在无人问津时，不黯然神伤；在无人理解时，守住自己的一份执着。

既不孤芳自赏，也不自怨自艾，如此便是岁月静好，现世安稳。

脱不去的牵绊

爱情,总是让人牵绊,无论你是多么通透灵秀的人,总也绕不过这个牵绊。遇到爱情,让一个女人即使在父亲与丈夫之间做选择,她们也会情不自禁地倒向丈夫的一边。

所谓"穿衣见父,脱衣见夫",毕竟父女之间隔了一层织物,也就隔着一层人生。而在丈夫面前,她们的人生是赤裸裸的。爱情,始终是一个女人脱不去的牵绊。

旷世才女张爱玲同样如此,她爱上一个不该爱的男人,不但半生孤苦,也毁掉了自己的文学前途。在现实生活中,像这样爱上不该爱的人不知有多少,明知道对方不过如此、明知只是一个错误,却情愿赔上自尊,去换取短暂相处的片刻温情。

其实,女子可以逃得过的。在矜持的爱情里,如果能给自己留一半自尊,这样也许能走得更加淡然一点儿、从容一点儿。

像《倾城之恋》里的白流苏,虽然处于落败的家庭,有着支离破碎的婚姻，但只要活着，就必须走下去。因此，她和范柳原见过一次面后，就只身一人漂洋过海去香港找范柳原——她的自尊，最终为她赢得还算完满的爱情。

爱情就像拉橡皮筋，不是拽得越用力，便能赢得这场战争。如果橡皮筋拉得越紧绷，反而会断裂，使两个人都受到伤害。而在爱情面对矜持的女人和害羞的男人时，还没来得及拉开橡皮筋，便已经失败了。

人人都道"矜持的女子最好命"，因为她们秀外慧中，出淤泥而不染。事实上，矜持的女人往往是含蓄的，这使她们失去了很多表达情感的机会——当她遇到挚爱时，不懂得主动争取；当意中人对她示爱时，又笨拙地选择置之不理，一而再地错过爱情。

因此，你要做的不是一个矜持的女人，而是一个内秀端庄的女子——遇到挚爱时放下所谓的面子，大胆去争取、去接受。如此，你便是最好的女子。

女人会欣赏风流倜傥、英武不凡的男人，但绝不是一个闷声不吭、缺乏男子气概的人。而害羞的男人，却总是一副"小女子姿态""扭扭捏捏""小家子气"，即使面对心仪的女孩子，也只知道跟在她身后，不敢大胆去追求幸福。

有人说，害羞的男人很可爱，但是你要知道，"害羞"要有度，如果尽失阳刚之气，追求幸福简直难如上青天……

但是，对于爱情来说，往往是因为有着这样一层牵绊，男女之间才有故事可说。否则，你和他，跟两个陌生人萍水相逢一样，敷衍聊几句就随便过去了。

但话又说回来，不正确的感情，就算你对他的牵绊很深，也要悬崖勒马，及时止损。像张爱玲，最初对胡兰成简直是海一样深、天空一样高远的牵绊，但后来她知道那是错误的，就立即停止了付出。这是真有智慧的女人。

世界上不存在脱不去的牵绊，除非你不想脱。因为我们喜欢的，永远不可能只是那一个人，而是有着共同特性的一类人。

在正确的关系里温存，向错误的关系说再见。这，才是一个智慧女人最应当掌握的。

仍愿相夫教子

每个女人期待的生活，最后都会归结为：为了一日三餐、四季衣裳而忙碌。她们对日复一日、相夫教子的生活终生不悔。

她们追逐爱情，是希望爱情能给自己一个相夫教子的机会。尽管现代女性已经从传统的、卑微的妇女地位中站了起来，尽管她们现在已经能自行承担起自己的生活，甚至一些女人的能力已经远远超过了那些她爱的男人。然而，她们在欢庆独立的同时，传统的阴霾并未完全从心中驱除。

"相夫教子""回归家庭"仍是她们心中的隐痛，她们甚至认为，只有"充分女性化"才是女性的本性，而自身的自立自强则是不得已的异化。

一个女人无论事业是多么的成功，倘若没有一个成功的家庭，那么，这个女人也只是一个失败的女人。

家庭美满，永远都是那些看似强大的女人心中可望而不可即的幸福。

张爱玲也不例外。

她独立、孤冷、高傲，好像世间的一切都逃不过她那双眼睛，但却单单为了获得那平常的生活而毁掉了自己的青春和所有才华。

无论张爱玲的小说中，那些女人是如何的或喜或悲，为了家庭或爱情而去拼搏挣扎，不过那样的热闹繁杂，却把张爱玲的生活衬托得越发冷清起来——张爱玲一直未曾拥有过真切、平凡的家庭生活。

这样的处境想必不是每个女人能够甘心承受的，就算不能找到一个恩爱的丈夫，也要有个自己的家庭，大概每个女人都曾这样想过。

如果这个理由成立的话，那么，张爱玲和赖雅的婚姻也就没有多少谜团了。无论多么不匹配，多么不协调，赖雅能给张爱玲的，胡兰成给不了——一个完整的家庭、一个名分、一份寄托。这些一直是童年无爱的张爱玲所期盼的，也是任何一个女人最想要和最珍贵的。

哪怕赖雅半生贫穷、半生疾病，哪怕张爱玲被赖雅"拖累"，可是，一个女人有这样的"拖累"也是一种幸福，总比冷冷清清的好。

张爱玲与赖雅的结合，是上天，更是张爱玲给自己原本冷清的人生补上的最温馨的一课——回归家庭、享受一个可以全心托付的男人的照顾，几乎是所有女人心中的夙愿。

传统男权文化，对性别既定身份角色的设定是："男主外，女主内"，是"男尊女卑"，是"女子无才便是德"，另一方面也是女性出于满足自己身心欲求的需要。这种内在的矛盾，是现代女性前途渺茫的原因。

人生从来都面临着选择题，但我始终相信，不管女人面对的选择是什么，她们永远都会选择婚姻。对此，张爱玲已经看透了，她恨恨地说："女人就是这点贱，若得不到异性的爱，再好的女人也便成了不好。"

在这个世界上,仿佛衡量女人好与坏的标准从来就只有爱情和婚姻。没有异性喜欢的女人,就是连其他女人也要嘲笑和鄙视她的。

相夫教子的生活虽然琐碎,但是里面却凝聚着幸福。一针一线密密麻麻的衣服,被穿在自己喜欢的男人身上,那种感觉,会让女人从心底涌起一股自豪;在厨房忙活了半天,为心爱的男人洗手做羹汤,再到坐在饭桌前,看他一口一口把它们全都吞进胃里,那种幸福也是任何事情都不能相比的。

或许幸福对于女人来说,有着各种各样的定义。但财富、功名,世上所有的一切,都比不过能有一份夫妻和睦、相夫教子的生活。它原本就是为女人设定的,是女人生活中一个长久的内容,因此,也理所当然地成为女人生命中的重心。

更因此,对于女人来说,给自己找一份好的婚姻,尽心培养一个孩子,自是她们一生的事。她们也总是乐意百分百地付出,纵然辛苦,却不会有怨气和怨言。因为在这份辛劳中,她们能找到自己的幸福,实现人生的价值。

要评价一个女人,其实很简单,看她是不是可以做好相夫教子的工作——只有能胜任这个工作的女人,才可以称作是贤妻良母。而当一个女人能够靠自己的本事获此殊荣,她所拥有的生活在别人看来才是真正的幸福。

社会在一刻不停地飞速前进着,有时候匆忙得让人忘记还有自身的存在。但是，就算忘记了这些，女人也不会忘记衡量自己生命的尺度。

对于女人来说，当她们结束一年的工作，回到父母的身边，长辈们关心的，绝不是她有多么骄傲的事业、多么辉煌的成绩，而是有没有获得美满的婚姻。倘若没有，即便女儿取得再大的成功，做父母的，心中也未免会有丝丝的遗憾。

每个人都渴望能够获得幸福的生活，但它不是一个宣言，而是以有声有色的情节穿起来的一个个日子。对女人来说，这些日子因有着形形色色的牵挂才变得生动有趣，值得回味。

大家可以试想这样的画面：一个忙碌了一天的女人，能够在晚餐后，坐在温暖的灯光下，满目含情地看着丈夫在教育孩子。这是一个多么温馨的画面呀！

那么，在女人追求相夫教子的过程中，男人又在干什么呢？其实，男人也在追求自己的女人能是一个可以相夫教子的贤惠妻子。

男人大多不愿妻子强于自己，这固然是男权统治的遗传，但亦与男子那自私的本性撇不开关系。许多男人对妻子的要求是：在家里乖乖地为家人"设计三餐菜式，剪裁四季衣裳"，他们希望自己能成为那主宰和强悍的一方。

而女人为了爱情，为了更好地爱这个男人，往往会彻底弃守自己的领地，甘愿退回到顺从依附的角色，褪下女强人的外衣，变成风情万种的妻子，依偎着男人，给他欢愉。

女人经常会面临这样的困境：要么放弃自尊、放弃独立自主的社会地位、放弃与男性分庭抗礼的机会，回归传统女性的角色；要么面临爱情变质、婚姻死亡的走投无路之境。

大多数女人都会选择前一个，无论在什么时候，女人总是心甘情愿地要去相夫教子。

相夫教子，简简单单的四个字，却涵盖了夫妻之间真挚的爱，无微不至的体贴及善解人意的理解，这是夫妻双方共同辛勤耕耘的结果。

就让我永远等你吧

《小团圆》是张爱玲最为神秘的作品，也是她的集大成之作。她以自己的人生经历为蓝本，用文学的手法叙述了自己传奇的一生。

如果说早期的《金锁记》《倾城之恋》还透着一股上海小

资味道的气质，那么从《年青的时候》起，张爱玲的创作风格就在发生变化了。

1947年之后，张爱玲开始更多地关注内在，创作了一系列比较通俗的作品，代表作有《多少恨》《郁金香》《小艾》；到香港以后，她的眼界更加开阔，反而追求平淡和自然，创作了与先前风格迥异的《秧歌》《赤地之恋》。

而《小团圆》是另外一派的写法，与此风格相近的作品还有《相见欢》《同学少年都不贱》和《色戒》，但说到底，最可体现她晚期创作水准的，只能是《小团圆》。

因为这本书等同于张爱玲的自传，所以，很多人在阅读时，都会特别关注张胡之间的关系，渴望能够从九莉与邵之雍的故事中，发现一些不为人知的蛛丝马迹。

事实上，这本书并不是一部传统写情爱故事的小说。邵之雍在本书的第四章才出现，而前面三章全在介绍九莉与各个家庭人物的关系，所以说他算不上是这部作品的男主人公。

从这里可以看出，张爱玲的重点并没有落在九莉与邵之雍的感情上，而是着重描写自己的家庭身世以及每对关系给自己带来的人生影响。比如：九莉和母亲的关系、和姑姑的关系、和弟弟的关系，以及她和整个家族的关系。

亲情，对于张爱玲来说算是畸形的。

童年生活留给她的，只有孤独的成长。残酷的现实，逼迫她生出一双冷漠的眼睛，却又固执而矛盾地以一颗细腻敏感的心洞察周遭的世界——小小年纪，她竟已懂得"生命是一袭华丽的袍，上面爬满了蚤子"。

你以为张爱玲是在无病呻吟吗？恰恰相反，她早慧的眼光，看穿了世间的真相。正如她自己，《小团圆》中的九莉始终带着一股强烈的"孤独感"。

张爱玲曾在接受采访时透露：

"我是孤独惯了的，以前在大学里的时候，同学们常会说——我们听不懂你在说些什么……"

孤独，也是这部小说的情感内核。而孤独的本质，则全因热情表象背后的人心之隔。

文中的蕊秋担心九莉日后与舅舅争家产，写九莉送别蕊秋时的孤立和黯然，写九莉逃难时的心理描写，无一不在重申和点透孤独这一主旨。

我们来看一段九莉差点儿被炸弹炸死的心理描写：

"'我差点儿炸死了，一个炸弹落在对街'。她脑子里听见自己的声音在告诉人。告诉谁？难道还是韩妈？楚娣向来淡淡的，也不会当桩事。蕊秋她根本没想起。比比反正永远是快乐的，她死了也是一样。"

生死之际，九莉竟没有一个可以安然提起的人，不得不说，她是悲哀的。

张爱玲用平淡而自然的语言，写尽了一篇篇人心相隔的故事。这样的身世，读起来，又怎能不令人惋惜与心疼。

从家庭关系来讲，母亲理应是和女儿关系最近的一员。可九莉的母亲却常年在国外游学，留给女儿的，就只有每次出门要带很多箱子以及潇洒远去的背影。对于这样无爱的家，九莉丝毫不留恋，甚至连暑假都不回家。

当母亲去香港看她时，不是温柔的出现，而是"突然的出现"。母女两人在一起时也从不说悄悄话，永远都是面对一箱箱的行李、告别与背影。

九莉在学校接触到了考瓦德的剧本和劳以德的小说，因此她和母亲的关系也绝非中式，而是非常开放的西式。

可以说，她几乎没从母亲那里得到半点儿温存。乃至于，她拿到稿费后，曾向姑姑打听母亲养自己花了多少钱，最后折算成二两金子邮寄给对方——当然，这段也是据实而写，张爱玲真的还给母亲二两金子。

可见母女之间的感情，有多淡薄。

小说中写道："从前的事凝成了化石，把她们冻结在里面。"原本就没有感情的母女，关系由此越加恶化下去，九莉甚至诅咒母亲说："你自己将来也没有好下场！"读来真是令人身心俱凉。

在写情感生活时，张爱玲是这样介绍邵之雍的："文笔学鲁迅学得非常像",有时眼里闪出"轻蔑的神气",怎么看怎么不像个真正的知识分子,倒像有文化的流氓地痞。

但就是这样的男人,九莉心动了。在他的甜言蜜语之下,跟他结为夫妻。

《小团圆》采用纪实、自然的手法,全面展示出一个无耻文人丧失传统伦理价值、风流成性的个人特质。尤其是在感情方面,此人"耐不住寂寞",在逃亡中还和众多女人发生关系。

承认与否,胡兰成可谓是张爱玲一生中抹不去的败笔。

料想写《小团圆》时,回首往事,张爱玲对自己亦是有痛恨和不甘的,所以在写《色戒》时,令易先生杀了救过他的王佳芝,她说:"就是我傻!"因为在现实生活里,无耻的文人胡兰成已经不止一次捣毁她的精神花园。

早期的张爱玲在写作方面还非常重视读者的感受,她在《论写作》中说:"文章是写给大家看的,单靠一两个知音,你看我的,我看你的,究竟不行。"

但写到《小团圆》,她更在乎自己内心的真实感受,再加上胡兰成《今生今世》的出版,她不要读者对那段故事有误解,只单方面地听胡成兰的叙说,于是就有了这部小说的诞生。

在晚年,张爱玲曾说,"我现在写东西,完全是还债——还我欠下自己的债,因为从前自己曾经许下心愿。我这个人是非常 Stubborn(坚强)的。"(引自《蝉——夜访张爱玲》)

这也能很好地解释，为什么她一定要写这部《小团圆》。而通读全文，我们也能还原这种说法：张爱玲要还的债，一是对母亲的养育债；二是对恋人的情感债。

　　张爱玲晚年写这本《小团圆》，我想，她只是为了纪念，为了抒发情感——这一生怀着热烈的一颗心，终未能等到真正的团圆，不如就像文中九莉说的："等你二十五年我也老了，不如就说永远等你吧。"

　　当爱已成往事，终究一切，只能烟消云散。

结　语：永远的张爱玲

　　我不止一次地问自己，世间有那么多文采飞扬的作者，为什么偏偏只喜欢张爱玲？难道仅仅因为她的旷世奇才吗？不，林徽因亦是奇女子，我却不喜欢。难道是因她生在我喜欢的城市吗？不，巴金亦生在那阴雨绵绵的上海，我却也不喜欢。

　　我喜欢张爱玲，与其说喜欢不如说敬慕。我敬慕她清泠、宁静，敬慕她独立、自信，敬慕她洒脱、勇敢，更敬慕她直接、真性情。

　　百余人眼中便有百余个张爱玲，或明或暗、或黑或白，她的一生好似泠冽之秋，静美而悲凉。我想，张爱玲一世的选择和创作，与她的个人经历是密不可分的，也正是那样或明或暗的生活，才铸就了这个传奇女子。

　　张爱玲身出名门，好似那温室里的桔梗，清新而淡雅。然而，她的父亲张廷重却从不正经过。有人说，正是因为张爱玲缺乏父爱，所以才会与胡成兰相爱。

我却不以为然，张爱玲在自传性散文《私语》中写道："我把世界强行分作两半，光明与黑暗、善与恶、神与魔。属于我父亲的这边必定是不好的。"

我敬慕张爱玲的勇气和决绝，在她逃离痛苦而罪恶的家庭后，便独自一人生活——她具有常人没有的气魄和勇气，她渴望掌握自己的灵魂和生命。

如果说，这世间有两样东西能叫一个扬眉女子低头，那便是爱情和政治。

不幸的是，张爱玲以后的生命，始终与这两样东西纠葛不清。张爱玲经过少年时动荡不安的生活，便一心只求岁月静好，现世安稳。可悲的是，她偏偏爱上了野心勃勃的政客胡兰成——便注定她一生悲凉。

《对照记》的古老相片中，张爱玲一袭旗袍，好不曼妙。她一只玉臂背在身后，另一只手轻抚腰间，入鬓的长眉多了几分清丽。她微微颔首，清冽的眸子眺向远方，不像个作家，倒是一副大家闺秀的端庄模样。

这大概在她青春妍丽的岁月，便是这样一个内秀的女子，柔弱的肩头竟扛得起那般沉重的生活。

与胡兰成相识后，张爱玲爱他胜过爱自己，她对他说"愿意这世间女子都喜欢你""遇见你我变得很低很低，一直低到尘埃里，从尘埃里开出花来""我恨不得把你包包起，像个香袋儿，密密的针线缝缝好，放在衣箱里藏藏好"，就连胡成兰走过的路，张爱玲也要走上一遭，如影随形。

不过，张爱玲不同于其他痴情女子，当她知道自己心心念的男人一而再地喜爱其他女子时，她便决定终止这段婚姻，遗世而独立。正如她写道："我倘使不得不离开你，亦不致寻短见，亦不能够再爱别人，我将只是萎谢了。"

若胡兰成非那般负心薄幸之人，我想，张爱玲便可在她的笔中，度过那璀璨而静好的余生，她的诗作将被更多世人歌颂和怀念。

然而，现实是，这段悲壮的婚姻，使她的生活和事业皆跌入谷底——她离开家乡，漂洋过海赴美定居。尘世间的路有千万条，可她偏偏选择了一条最艰难的。

张爱玲把所有的情感皆倾注在文学作品中，她的生活、情感，乃至自己的全部，都寄托在那杆笔上。她的作品精彩就在于，她将自己的感受发挥到极致，无论是思想还是情感。所以，当我们看到她的遗作时，还能感受到她作品的灵魂，令人引起共鸣。

在1920年的一个月圆之夜，张爱玲来到尘世。而在75年后的月圆之夜，她悄悄离开了尘世，留给世人的除了那扣人心弦的文学作品，便只是那句"因为懂得，所以慈悲"。